青木 理
安田浩一

この国を覆う憎悪と嘲笑の濁流の正体

JN018488

講談社+α新書

まえがき　切り捨ての時代を招いたもの

青木理

最近の一〇年から二〇年ほどの、この国の政治や社会に通底する気配を端的にあらわす言葉はなんだろうか。劣化とか沈滞とか忖度（そんたく）とか、時代の気配をすくいとる言葉はいくつも浮かんではくるが、私がたどりついたのはかなり昏（くら）い言葉である。排他と不寛容――。

ヘイトスピーチなどと呼ばれる醜悪な差別言辞を街頭で吐き散らす連中が出現したのは十数年前のことである。もちろん差別や偏見は以前から社会のそこかしこにくすぶり、折に触れて噴き出すことを繰り返してはきたが、少なくともそうした劣情を公の場で口にするのは恥ずべきことであり、本来は決して許されないという建前程度は一応共有されていると私は思いこんでいた。

だが、甘い思いこみだった。また、この現象は一部の愚劣な輩による突飛な暴走とも言いがたい面がある。背後にさまざまな時代状況や社会状況が横たわっているとはいえ、歴史への基本的な知性や権力行使への謙抑性に欠けた政権が隣国やまつろわぬ者への憎悪と敵意を先導し、その尻馬に乗った一部のメディアやメディア人が盛んに煽動したことが、醜悪で愚劣な差別を街頭に解き放つ誘引剤の役割を明らかに果たした。

事実、巷の書店などには自国礼賛本とともに隣国やマイノリティをあからさまに侮蔑する雑誌記事や書籍があふれた。そうした記事や書籍の量産者やコアな読者が熱心に政権を支持し、図に乗った政権は隣国への敵意や憎悪をしばしば政権の浮揚策に利用し、まつろわぬ者やメディアには容赦ない口撃や圧力を加えた。その過程では、時に信じがたいような差別煽動が政権や周辺者の口から吐き出されてきた。

創氏改名は朝鮮人が望んだ、慰安婦は売春婦だ、ナチスの手口に学べ、性的マイノリティには生産性がない、その権利を認めるなら痴漢の権利も認めろ、女性はいくらでも嘘をつく、沖縄の新聞は潰せ……。

耳を覆いたくなるような放言をする者たちを従えた政権の主は、まつろわぬ者たちから非難の声を浴びると支持者に向けてこう叫んだ。

こんな人たちに負けるわけにいかないんだ、と。

「自己責任」なる言葉が各所で唱えられるようになったのもこの二〇年ほどの現象である。

新自由主義的な経済政策の下、貧困や格差は広がり、多くの人びとの生活が苦しくなったというのに、困窮者らに向けて冷酷な言葉が飛び交い、そして本来政治が担うべき「公助」よりも「自助」や「共助」を優先するという為政者が後継政権の主に収まった。

その政権の主は就任早々、日本学術会議の会員任命を拒否するという前代未聞の挙にも出た。これもまた、まつろわぬ者は容赦なく締め出す姿勢を露（あらわ）にしたという意味で排他や不寛容という言葉がぴったりと当てはまる。

もとより、すべてはこの国だけで起きている現象ではない。新自由主義的な経済政策とグローバル化などによって格差や貧困は各国で広がり、そのことへの不満もエネルギーにしつつ排他と不寛容の風潮は世界に蔓延している。だから、これを治癒させる処方箋を描くのは容易ではないのだが、少なくともメディアやメディア人がそれを煽（あお）ってはならず、むしろ排他と不寛容の背後にある病理を摘出する役割を果たさなければならない。

そんな時代に私もメディア界の片隅で禄を食（は）み、できる限り罵声を浴びせられる側に身を寄せ、罵声を浴びせる者たちの実像や背景を抉（えぐ）る仕事を続けてきたつもりではある。それはことさら特筆すべきことではなく、メディアとかジャーナリズムと称される仕事に携わる者のごく当然の基本動作にすぎないが、私が見るところ、さらに地を這うような取材で罵声を浴びせられる側に寄り添ってきた同業者が安田浩一さんである。

街頭で堂々と差別言辞を吐き散らす連中の実像に迫った『ネットと愛国』（講談社＋α文庫、二〇一五年）をはじめとする安田さんの近年の仕事は、本書を手にとった方ならあらためて説明の要もないだろう。同じ仕事に携わりつつ、同じような問題意識を持ってきたとはいえ、安田さんに比べると私は、どちらかというともう少し俯瞰（ふかん）した立場で事象を取材してきたようにも思う。

あえて言えば、それは私と安田さんの出自の違いによるのかもしれない。安田さんは雑誌記者を起点に取材を続け、常に差別と被差別の現場に立って言葉を紡いできた。私は通信社の記者を起点とし、隣国などに駐在しながら政治や外交、歴史などを踏まえて差別の不当性や問題点を発信することが多かった。

そんな私と安田さんがはじめて交わり、対話を重ねたのが本書である。

したがって排他と不寛容の風潮の背後に漂う時代の深層をさらに重層的に解析し、多角的に浮かびあがらせることができるのではないか、それが安田さんとの対話に臨んだ私の思いだったのだが、成果については読者のみなさんの判断に委ねるしかない。

だから前置きはこれくらいにし、さっそく対談の本編に入っていこう。

この国を覆う憎悪と嘲笑の濁流の正体／目次

第一章　対韓感情悪化の源流と　それをもたらした日本社会の構造的変化

第三章　恫喝と狡猾の政治が生む嫌な空気

第四章　社会を蝕む憎悪の病理
ヘイトクライムを生む確信犯的無責任と無知

第一章

対韓感情悪化の源流とそれをもたらした日本社会の構造的変化

深まるメディア不信

安田 菅義偉（すがよしひで）政権は、元共同通信政治部の柿崎明二（かきざきめいじ）さんを首相補佐官にしましたよね。柿崎さんは二〇一五年に岩波新書で『検証 安倍イズム――胎動する新国家主義』なんて本を出して、一定の政権批判をやっていた。青木さんとおつきあいはあるんですか？

青木 もちろん知ってはいます。ただ柿崎さんはほぼ一貫して政治部に在籍した政治記者で、同じ共同通信でも社会部や外信部暮らしが長かった僕とは畑が違いますから、一緒に仕事をしたことがあったわけではありません。

それでも同じ会社にいれば、その仕事ぶりや評判は聞こえてきますからね。政治記者として人脈が広くて優秀だと、そして基本的にはジャーナリスティックな批判精神も一定程度は持っていると、大方の印象や評価はそんな感じではないでしょうか。

補佐官に就任するという情報が駆けめぐったときは僕も電話で連絡を取りましたが、柿崎さんは柿崎さんなりの想いがあって菅氏のオファーを受けることにしたんだと、そんなことを話してくれましたけどね。

安田 それは、お手柔らかにという意味？

青木　決してそういうニュアンスではなかったけれど、彼には彼なりの使命感があるんだということでしょう。「菅さんは基本的にイデオロギーや国家観が希薄な政治家だから、放っておくと竹中平蔵的な路線を突き進んでしまいかねない。それを押しとどめるのが自分の仕事だ」とも言ってましたね。

それはともかくとしても、なかば皮肉を込めて言えば、同じ共同通信でもネトウヨまがいの元政治記者あたりを重用してしまう安倍晋三政権より、菅政権のほうがはるかに人を見る目があるというか、怖いと感じさせる人事ではありました。柿崎さんは立憲民主党の枝野幸男代表とも極めて近い間柄らしいし、東京・世田谷区長の保坂展人(のぶと)さんなどとも親しい。与党から野党までつきあいのウイングが広く、少なくとも政治記者としては有能ということですから。

安田　そういう人が、首相に左右を問わず情報を満遍なく入れるんだとか、権力内部から改革するんだとか言って、結局取り込まれていくのが古くからのパターンなわけだけど。

元新聞記者が政権に重用されるのは、いまに始まった話じゃないですよね。いま話に出たネトウヨまがいの元政治記者、つまりは青山繁晴氏もそうだし、はるか昔の話だけど、西日本新聞の記者から池田勇人の秘書官になった伊藤昌哉とか、産経新聞の記者から佐藤栄作の秘書官になった楠田實とか、戦後政治史に名を残すような人もいた。

青木　さらに時代をさかのぼれば、たとえば朝日新聞の主筆などを歴任した緒方竹虎は一九四四年の退社と同時に小磯国昭内閣の国務相兼情報局総裁として入閣してますよね。敗戦処理に当たった東久邇宮（ひがしくにのみや）内閣では現在の官房長官に相当する内閣書記官長を務め、その周囲は朝日の記者出身者で固められたこともあった。

時をくだると安倍晋太郎は毎日新聞に籍を置いていたし、日経新聞出身の田中六助と盟友関係でした。いまだって石原伸晃なんかは日本テレビ出身だし、時代もスケールも違いますが、僕の同世代にも「政治家になりたいから新聞記者になった」なんて平然と言い放つヤツがいました。メディア側も政治家の子弟を入社させることは珍しくないし、とくにテレビ局なんてそんな連中がゴロゴロしている。

安田　つまり権力とメディアの生臭い関係というのは、すでに緒方竹虎の時代にあったわけですが、新聞出身で首相秘書官というのはいたけれど、首相補佐官になるというのは今回が初めてじゃないですか。

青木　そもそも首相補佐官という制度自体が一九九六年に新設されたものですから、それほど歴史はないわけだけど、記者から補佐官に転じるのは今回が初めてでしょう。

一方で世界を眺めれば、欧米でもジャーナリスト出身の政治家や政府高官はたくさんいるし、僕が長く駐在した韓国でも記者が政治家や政権高官に転ずることはしばしばあります。もちろんメディアの使命は権力の監視であり、特に政治権力とは厳しく対峙すべきですが、現実には政治とメディアの関係、とくに政治権力と政治ジャーナリズムの関係は怪しげな表裏一体感がある。

僕個人の考えがどうかといえば、そんなものに微塵も共感を抱かないし、むしろ強烈な嫌悪を覚えますが、各国の現状や歴史を考えれば、柿崎さんのケースが際立って特異というわけでもない。

ただ今回の場合、安倍政権の〝後継〟と目されている政権の首相補佐官ですからね。安倍政権下では大手メディアにも政権の提灯持ち記者がうようよと湧き出し、その政権に一定程度は批判的なスタンスを貫いてきたとみられる記者が後継政権の要職に就けば、メディア不信は深まりかねません。

安田　いきなりカネの話になるけれど、おそらく年俸二〇〇〇万円くらい貰えるのでは？

青木　二五〇〇万近くになるでしょう。しかも個室や車などもつく。これだけ官邸の力が強まっていることを考えると、下手な大臣や副大臣クラスより権力や影響力を持つことになるかもしれない。

学術会議問題と天皇機関説事件

安田　なにやら、菅のしたたかさを補強するだけの補佐官になりそうですが。

いま菅政権に対する一つの大きな批判は、日本学術会議の新会員任命拒否の問題がありますよね。あれは安倍政権のときにある程度決まっていた話でしょう、おそらくは。

青木　そうでしょう。実際、学術会議の人事にちょっかいを出したのは安倍政権からです。当時も主導していたのは菅官房長官だったでしょうが、内閣人事局を通じて官僚幹部人事を牛耳った政権は、ついに検察トップ人事にまで介入を謀って大問題になった。最終的にこれは失敗したわけですが、内閣法制局長官や日銀総裁、果てはＮＨＫの会長や経営委員会などに至るまで、戦後の歴代政権がかろうじて自制してきた人事権を放埒（ほうらつ）に行使したのは前政権からの特徴です。その放埒さが検察や学術会議にまで及んだととらえるべきでしょう。

安田　国のカネを使うにあたっては、政権に批判的な人間には基本的に渡さないという強い意志が、たとえばあいちトリエンナーレ２０１９「表現の不自由展」のころから顕わになっていますよね。あれは一つのきっかけだった気がするし、それ以前の安倍政権の時代から、補助金あるいは国のカネが出ている以上は国のコントロール下に置きたいという思惑がずっとあったと思います。

気になるのはいま、日本学術会議を叩いているのは保守系、右派系、あるいは自称愛国者の人々じゃないですか。それら勢力からは「学匪(がくひ)」とまで言われている。僕はそれこそ一九三五年の天皇機関説事件のときみたいな空気を感じるわけですよ。あのとき、天皇機関説を唱えた美濃部達吉は、右派議員、陸軍皇道派、民間右翼、右派メディアから激しく攻撃され、学匪と言われて議員を追われたばかりか、著書は発禁にされ、不敬罪で告発され、学会からも追放された。さらに翌年、右翼テロルに遭って銃撃されているわけですよね。政府は「国体明徴声明」を出して、日本はさらに天皇制ファシズムに突き進んでいく。それといまが同じとは言わないけれども、排除の空気みたいなものは二重写しに感じざるを得ない。

僕は学問の自由とか言う前に、政権にとって気に入らないものには、政権がカネを出す以上は口を挟ませない、あるいは批判的な立場は、その存在すら許さない——そういう強い意志みたいなものが、安倍政権以来、連綿と続いている気がするんですよ。杉田水脈(みお)だって、科学研究費の問題をずっと攻撃していたでしょう。朝鮮半島問題、徴用工問題、在日朝鮮人社会などを研究している東京大学大学院教授の外村大(とのむらまさる)さんらに対して、科研費を利用して本を買っている、科研費を利用して「反日」活動をしている、科研費を利用して国に損害を与えている、といったロジックをもって、杉田水脈はずっとバッシングしてきたわけです。僕はこのときの科研費問題はある意味で今回の学術会議問題以上にひどかったと思っているんだけど、あのときメディアは杉田の発言を問題視することをあまりしなかった。だからこそ、安倍政権のときからの空気感が引き続いてしまっているという面もあるという気がしますね。

異端排除の独裁手法

青木　同感です。安田さんの話にあった天皇機関説ですが、一九三五年の「事件」までは、政界でも至極穏当で常識的な学説とされてきたわけです。国家を統治権の主体とし、天皇は国家の一機関だとする美濃部の憲法解釈は別に異端でもなければ、左右どちらかに傾いた説とされてきたわけでもない。ところが軍部や右翼の攻撃で政治問題化し、日本がファッショに向かう分水嶺となった。

そう考えると、やはり学術会議問題と通底するものがあります。政権が任命拒否のターゲットにした六人の言説すべてに目を通しているわけではありませんが、たとえば加藤陽子さんや宇野重規さんの言説はごく穏当であって、現在の歴史学や政治学の世界ではいずれも主流とされる学者です。

安田　一時期は国家とのスタンスや歴史認識をめぐって左派からも批判されていたこともある人たちですよね。

青木　そんな学者が政権の不透明な恣意で学術会議から排除され、政権応援団が学術会議に盛んな攻撃や罵声を浴びせている。とくに悪質なのは任命拒否の理由を説明しない政権の態度です。まさにそれが政権の狙いなのかもしれませんが、本当の理由がわからないから過剰な忖度が広がりかねない。

なかでも僕の仕事と若干の関わりがあったかもしれないと感じているのは宇野重規さんです。宇野さんのお父さんは成蹊大学の学長なども務めた宇野重昭さんで、二〇一七年に亡くなられましたが、安倍晋三が成蹊の法学部在籍中の恩師でもあるんです。

安田　青木さんの『安倍三代』（朝日新聞出版、二〇一七年）に出てきますよね。

青木　ええ。政治学者としては中国現代政治や毛沢東研究の第一人者でした。かといって宇野重昭さんも左右どちらかに傾いた学者ではなく、僕が自宅で取材した際も本当に温厚で腰が低く、言葉を選びつつ慎重に、しかし誠実に語る姿が印象的でした。

聞けば、政治家になって以降の安倍晋三とも会食などで交流を続けていたそうです。しかも首相の母校の学長を務めた立場もあったんでしょう、安倍晋三の学生時代について公に語ったことはなく、その点に関する取材に応じたのは僕が初めてで、以後も取材に応じた様子はありません。

なぜ僕の取材に応じてくれたか、いまとなっては知る術はありませんが、ですからかなりの決心があって取材に応じてくれたんだと思います。そして言葉を選びつつかなり辛辣に安倍晋三とその政権を評しました。主に安保関連法制などを挙げながら「安倍君は間違っている」「彼は歴史を学んでいない」「よほど忠告の手紙でも書こうと思ったんだが」と、最後はうっすらと涙まで浮かべて……。

僕がその取材内容を最初の発表媒体である『ＡＥＲＡ』に書いたのが二〇一六年五月。連載が書籍化されたのは翌二〇一七年一月です。宇野重昭さんは亡くなってしまいましたが、今回問題になった任命拒否に先立ち、安倍政権は二〇一八年にも宇野重規さんの任命を拒んだと報じられています。これが偶然だと僕には思えない。チャイルディッシュな政権が恩師の批判に過剰反応し、その息子に報復を加えたのではないかと疑っています。

安田さんも指摘されたように、これは安倍政権から一貫して流れる性癖ですが、とにかく自分たちにまつろわぬ者は許さない。徹底的に冷や飯を食らわせ、時には平然と叩きつぶそうとする。

別の例を挙げれば、ふるさと納税制度は菅氏肝煎りの政策ですが、その拡充に総務省の自治税務局長として異議を唱えた平嶋彰英氏にも少し前に長時間取材しました。こんな制度を拡大すれば富裕層向けのカタログショッピング化すると平嶋氏は訴え、実際にそうなったわけですが、至極真っ当な異議をぶつけてきた平嶋氏を政権は人事権を駆使して左遷した。これも主導者は菅氏です。

そうした振る舞いが重なり、官僚組織には忖度や萎縮が広がり、たとえば財務省では公文書改竄（かいざん）なども起きてしまったわけです。

官僚を擁護するつもりなどありませんが、官僚組織とは本来、それぞれの専門分野における知見やデータを蓄積した〝日本最大のシンクタンク〟でもあります。だから時の政権の意向とは異なっても手元の知見やデータをあますところなく示し、それに基づいて右に行くか左に行くか決めるのが本来の政治主導だというのに、異論を唱えただけで左遷されれば、官僚は現場の知見やデータを示さず、さらにはそれを政治の意向に合わせてゆがめてしまう。

その悪弊が今回は学術界にも広がりかねない。学者だって世俗の欲を持った人の子です。

各種の勲章や学術会議のメンバーなどに選ばれることを名誉と考える者もたくさんいる。ならば忖度しますよ。萎縮もするでしょう。まして今回のように任命拒否の理由すら示されなければ、さらに広い範囲で自粛や萎縮、忖度が広がってしまいかねない。

安田さんが指摘した研究費などの問題はもっと直截でシビアです。政府の意向に沿わない研究におカネがつかず、バッシングまで浴びるなら、そんな研究は避けられていく。時の政権にとっては都合が良くても、これでは学術界にも忖度や萎縮が広がり、思いもよらぬイノベーションや社会発展は阻害され、社会はシュリンク（萎縮）していくだけです。中長期的には政治や社会の土台を腐らせていく。

税金の使途に過敏に反応する世論

安田　社会全域に独断的な政権の意志を行き渡らせてしまうという、これは恐ろしい効果ですよ。

青木　しかも僕たちが暮らす社会の知的基盤に関わることですから、政治的立ち位置の左右などとは本来無関係にメディアも批判を加えるべき問題のはずです。なのにこの任命拒否問題をめぐるメディア状況も前政権期と相似形になってしまいました。

ご存知のとおり、六人の任命拒否を最初に報じたのは二〇二〇年一〇月一日付のしんぶん赤旗ですが、翌日の在京紙朝刊で東京新聞は一面トップ、朝日と毎日は一面の左肩で大きく報じました。僕はこの日、たまたま仕事で大阪にいたんですが、大阪本社発行版では毎日新聞も一面トップに記事を置いていました。ところが読売や産経はひどく小さい扱いだった。

それればかりか、一〇月三日付の産経抄は「任命権者である菅義偉首相が任命権を行使して、何が悪いか」と書いている。仮に将来、かなり左寄りの政権ができて同じようなことをしたら、産経抄の筆者はどう反応するつもりかと僕は訝ってしまうんだけど、この問題もやはりメディアの論調が二分され、結果として問題が相対化されてしまっている。「騒いでいる人はいるけど、それほど問題なのかね」という受けとめが広がっている気がして、これはやはり現在のメディア状況によるところが大きい。

安田　だからこそ、学術会議問題は、安倍政権時代との継続性で押さえておく必要があると思いますね。

もともと内閣人事局に権限を持たせるというのは民主党政権がやろうとしたことですよね。

青木　大元をたどれば橋本龍太郎政権の省庁再編や公務員制度改革あたりに淵源があって、

政治主導という掛け声の下で自民党政権でも民主党政権でも少しずつかたちを変えて進められてきました。最終的に内閣人事局が新設されたのは第二次安倍政権の二〇一四年です。

安田　それを自民党がいわば悪用したことによって内閣人事局に極端に権限が集中することになった。もともと菅は「私の指示に従わない官僚は排除する」みたいなことは言ってましたよね。だからそうした排他排斥の傾向はますます強くなる。

青木さんの話を聞いていて改めて思ったんですけど、国のおカネとか公のカネが出ていると、途端に国民の同意を得られやすい批判や排除のロジックができあがってくるような気がするんです。

大村秀章愛知県知事リコール運動が愛知県内で展開されているとき、僕は名古屋に仕事で出かける機会が少なくありませんでした。高須クリニックの高須克弥院長とか河村たかし名古屋市長とか、リコール運動を牽引している彼らに共通しているのは、表現の自由は守るのだと。しかし、県民の税金が投入されたことが問題だ。税金を使って天皇の写真を燃やしたり慰安婦問題を象徴する少女像を置いたりすることは許されてはならないという理屈になる。

「税金を使って」という言葉が吸引力を持っているんです。運動自体はそれほど盛り上がっているようには見えなかったのですが、しかし税金がどう使われるのかという文脈の中で大村知事が攻撃されると、従来の右派とか保守とか、さらにネトウヨみたいな立場からは離れた人々をも取り込む力を持つようになる。そうした流れの中で、公金がトリエンナーレの「反日」展示に使われているということへの攻撃が、正当化されているというか、わかりやすいロジックとして飛び交っているという気がしますね。

「反日活動に公金投入は許さない」

青木　安田さんは継続してウォッチされてきたと思うんですが、なぜ彼らは大村知事にあそこまで脊髄反射的な攻撃を仕掛けているんですか。芸術監督を務めた津田大介さんや作品の出品者を攻撃するなら旧来の右派的思考の文脈で理解できなくもないけれど、高須クリニックの院長とか河村市長などにそこまで真摯な天皇制への想いがあるとは思えない。

安田　地元の記者が言うには、もともとあいちトリエンナーレの前から、大村知事と河村たかしの間にものすごい齟齬（そご）があったと。いわば東大出のエリートと、地元の名古屋弁のおじちゃん、庶民派を気取る河村たかしの間には、さまざまな軋轢（あつれき）が発生していたと言うんです。そうした対立の下地があったうえに、トリエンナーレ問題が起こったと。

わかりやすい説明ではあったけれど、はたしてそんな単純な理由なのかなという疑問はあります。やはり背景には、それぞれが抱えている歴史へのまなざしと、人権に対する認識の違いがあると思うんです。

トリエンナーレ問題も、最初に問題視されたのは慰安婦をモチーフとした平和の少女像でした。青木さんがくわしい領域だけど、日韓対立の構図の中で、あの少女像の存在というのは、保守派、右派を自称する人々の間にそれなりに衝撃を与えたと思います。だから、名古屋の運動を見ていると、基本は「なぜ慰安婦像を放置したのか。放置させたのか」という物言いのほうが圧倒的に多かった。その後、取ってつけたように「天皇の肖像を燃やした」ということを過剰に問題にしていった。

あれもご存知のとおり、反天皇の文脈で火をつけて燃やしたわけではなくて、そもそも天皇の肖像を燃やしたのは富山県立近代美術館であるわけですよ。富山県立近代美術館が右翼の攻撃を受け、昭和天皇の写真をコラージュした作品を不適切だとして、作品それ自体ではなく図録を焼却処分したということを、芸術作品として表現したのがあの作品なわけです。この文脈をメディアはあまり報じていないし、ほとんどの人が理解していないから、天皇の写真を燃やした、少女像を設置した、この二点であいちトリエンナーレは「反日」展示だとされた。しかもトリエンナーレ全体のごくごく一部にすぎない「表現の不自由展」のその中の一部をもって、トリエンナーレ全体が「反日」展示であったかのようにフレームアップ（でっち上げ）して、嫌韓的な人々の関心と悪意を惹きつけることには成功した。

高須院長たちの運動は盛り上がってはいないんだけど、あいちトリエンナーレの是非を論じるまではいかなくても「公金を使って、税金を使って反日展示を行っている」という文脈をまともに受け止めてしまっている人は決して少なくない。繰り返しますが、公金とか税金という言葉が用いられるとそれなりに説得力が増してしまうという力学がたしかにあって、僕がこの件について名古屋の人に話を聞くと、「税金を使うなんて許せない」「税金で反日の展示をするなんてあってはならないよね」と、一部の人々の間ではそれは流布され、納得もさせられているという感じもあるんです。

学術会議問題も「税金を使って反日的な学者が」という流れで批判されることがあるわけで、その構造はつながっていますよね。「反日」なる言葉で憎悪が煽動される風潮そのものに、僕は抵抗したいと思いますが。

山口組系右翼団体までが動員された

青木　要するに排外主義的な嫌韓ムードなどが背景にあり、「税金を使った『反日』は許さない」というロジックを前面に押し出してリコール運動が展開されているということですか。ならば大村知事にしてみればとばっちりかもしれない。

安田　そう思いますね。ただ、庶民派を気取る河村のめちゃくちゃな演説のほうが一部の人々の琴線に触れるという面もあるわけです。そういう意味では河村はこの問題でも、一定程度の支持は集めるのかなという気がしなくもない。

ただ、彼らの運動は決して盛り上がっているようには見えなかったし、いま彼らの運動の手足となって動いているのは、はっきり言ってネトウヨですから。僕なんかが講演をやると必ず押しかけてくるネトウヨ軍団が、名古屋市内でも日章旗とか旭日旗を立てて側面支援をしています。また、名古屋には弘道会という山口組当代組長を輩出しているヤクザ組織があるんだけど、同会とも深いつながりを持つ司政会議という右翼団体がある。司政の「司」は「司忍（つかさしのぶ）六代目山口組組長の司です。その司政会議という弘道会系の右翼団体なんかが、隊服を背広に着替えて、署名を呼びかけている。強面だからすぐにわかるんですけれど、そういう人まで動員せざるをえないほど、この運動が極端なものになっているのは間違いない。

青木　リコール運動の広告塔になった面々を眺めてもそれは明らかですよね。百田尚樹とか明治天皇の玄孫（やしゃご）だとか、それに『週刊新潮』のデスクだった……。

安田　門田隆将（りゅうしょう）さん。あの人、昔からあんな感じでしたっけ？

青木　僕は新宿ゴールデン街あたりで顔を合わせれば話す程度で、仕事上のつきあいはなかったからくわしく知りませんが、当時はあそこまでネトウヨ的な言動ではなかった印象です。

安田　僕が『週刊宝石』を辞めてあちこちの週刊誌で記者をやっている時期に、一時期『週刊新潮』にも出入りしていて、そのときのデスクが門田さんだった。一緒に「『裁判官』がおかしい！」という取材をやったこともあるんです。裁判官が不当な判決を出すのが許せないという立場で、冤罪事件を取材した。

青木　安田さんが一緒に仕事をしたんですか。あの記事はたしか書籍化されていますね。『裁判官が日本を滅ぼす』（新潮文庫、二〇〇五年）でしたっけ。

安田　ええ、僕の名前も出てます。

青木　つまり、取材してデスクに情報をあげるデータマン的なことを？

安田　そうです。『週刊新潮』の記者の名刺を貰ってやっていました。『週刊新潮』が冤罪の取材というのが意外で、「新潮がこういうことやるんですね」なんて言っていました。あれはなかなかハードな取材で、冤罪と思われる人に有罪判決を出した裁判官のところにずっと張り込んで、夜帰ってきたときに当てて「あんた、あんな判決出して恥ずかしくないのか」みたいな取材をやっていた。

シンパシーを感じ、毒されていく

青木　僕も刑事司法分野は長く取材してきましたから、あの本は発売直後に読みました。取材に安田さんが関わっていたというのは知らなかったけれど、正直言って内容的には若干の違和感も覚えたんです。その違和感がなにかといえば、裁判官や刑事司法システムに対する根源的な問いかけというより、要はエリート裁判官批判のレベルにとどまっていた。

安田　まったくそのとおりです。あれはエリート裁判官批判の本でしたね。僕はそのときは、偉そうな奴を叩けるならいいやと思って、全人格的に入れ込んだわけではないけれど、取材班の一員として関わったんです。少年犯罪に対してひどい判決を出した裁判官がいて、僕はその少年犯罪を別の角度から取材したことがあったので、裁判官がおかしいという思いもあった。その取材のときに僕が接していた門田さんは、いまのような感じではなかったたんだけど。

青木　僕はＳＮＳをやらないし、あまり見ないから知らないけど、ＳＮＳ上などで威勢のいいネトウヨ界隈には熱心な支持者もいるらしい。ただ、ああいう極端なネトウヨ的言説が現実社会に果たしてどれくらいの影響力というか、広がりを持っているのか、僕には実感としてよくわからないんです。

安田　そう、影響力は持たないんだけど、ただ空気感みたいなものって一定のシンパシーを集めるから、それが怖い。

ネトウヨってゴキブリとは逆に、一〇〇人くらいの規模に見えても実質は一人しかいないとか言われていて、あいちトリエンナーレの反対運動も大きく見せかけているだけの部分も多いと思うのです。ただ看過できないのは、たとえ小さな運動であっても、そこで毒されたりシンパシーを感じたりする人が少しずつ増えてしまうということです。一般の人が、ネトウヨの発想やスキルを学んでしまうわけです。

デヴィ夫人と百田がリコール応援で記者会見に出席したんですね。僕は行けなかったんですけど、デヴィ夫人は一社一社読み上げて、出欠を取るんです。「時事来てますか？　共同来てますか？　中日新聞来てますか？」といちいち訊いて、挙手させる。小学校じゃあるまいし、手を挙げる奴がアホだと思うんだけど、百田は「あなた方はこれを本当に記事にする気はありますか」などと問い質す。結局、会見についてくわしく書いたのは夕刊フジだけでした。

ただテレビは別で、映像を撮っているから、ニュースで流すわけですよね。いま新聞は影響力があまりないから、おそらくテレビのほうがまだ少しは見られていて力があるでしょう。デヴィ夫人のパフォーマンスは、つまりメディア批判なわけです。「いまのメディアは私たちのことをきちんと書かない」と。愛知は情報鎖国だ、大村知事リコールの会の活動としてCMをつくったけれど、それも流させない、こんなに左派メディアに牛耳られている、というメッセージになるわけです。

愛知県が左派メディアに牛耳られているなんていう実態はさらさらないし、中日新聞はしごく保守的だと僕は思っているんだけど、でもそういうロジックがテレビで流されると「なるほど、そうだね」という声も一部からは出てくる。それを面白半分にネトウヨが言っているだけならまだしも、愛知県の一部市町村の議員なんかが同調し、呼応するようなことを言い出したりし始めているわけです。そういう動きが薄気味悪いなという気がしますね。

ちなみにリコールの会のCMを流させないというのは、これは当然のことであって、選挙活動もそうですけど、新聞でもテレビでも、記事やニュースとして取り上げる以外は、一方の当事者だけに発言の場を与えるわけにはいきませんよね。

山手線の一両に一人はいる

青木　安田さんがどこかで指摘されていましたよね。「在特会（在日特権を許さない市民の会）」を主導した桜井誠が都知事選に出馬して一八万票近く獲得したのも、その程度かと捉えることもできるけれど、都内の有権者総数から逆算すると決して侮れないと。有権者の約六〇人に一人、つまり山手線の一両が満席ならそのうち一人が投票したことになるって。

安田　僕は侮れない事態だと思っています。

青木　その投票層というのは、たとえば『WiLL』とか『Hanada』あたりを喜んで読んでいる層と重なると考えていいんですか。

安田　実際、『WiLL』には桜井誠が登場していますからね。百田尚樹が桜井誠とネット上の自分のチャンネルで対談して「いい奴だった」と言ったりしている。本当に劣化したメディア状況になってるから嫌なんだけど、たしかに支持層と読者層の一部は重なっているでしょうね。

つい最近、ある地方紙から「いま、在特会はどうなっているか」みたいな取材を受けたんですよ。そのとき僕は「在特会自体はもうないに等しい」という話をしたんですが、たとえば二〇一三、二〇一四年ごろに行われていた街頭における差別デモとか、大規模な集会とかはいま、ほとんど見られない。それで、その記者から「そういった意味では、世の中がある種まともになったというか、そういった極端な人を排除する力が働いてよかったんじゃないですか」みたいなことを言われました。僕は一部は同意しつつ、しかし個人的には二〇一三、二〇一四年以上の恐怖を感じているということを話したんです。

街頭で日章旗とかハーケンクロイツ（ナチスのシンボルである鉤十字）を掲げて「死ね」「殺せ」と罵る人間は、名札をつけているだけまだわかりやすい。いわば「私はレイシスト（人種差別主義者）です」とワッペンつけて歩いてくれれば、被差別の当事者はたまったものではないけれど、私からすれば犯罪者と同じだからそれ相応に対処できる。僕がいまいちばん怖いのは、飲み屋とか喫茶店とか食堂でメシ食ってるときに、ふいに隣の席で普通のおじさんが「朝鮮人がさあ……」みたいなことを言い出すのを聞くことなんですね。怖いというより、もっと生理的にドキッとする。

見ると普通の人なわけです。一般の中堅サラリーマンふうだったりする。たぶんその人々はデモにも行かないし、集会で旭日旗を持つことなどないだろうし、ましてや「朝鮮人は死ね」「殺せ」なんてことを路上で大声で言う人たちではない。でもその人たちが頭の中で考えていること、あるいは飲み屋でさらっと口に出していることって、かつての在特会の主張と何ら変わらない。言い方がソフィスティケイトされ、カジュアル化されただけで、本質的には何も変わっていない。むしろヘイトのハードルが下がり続けているような気がする。

青木　一部の極端な連中が排他や不寛容の風潮を煽ることで、むしろ社会全体にうっすらとした、ごく一般的な気分としてヘイトが広がってしまうのが怖いと。

一方的な愛情があれば侮辱してもかまわないという論理

安田　そういうことです。そのタイプはメディアの中にも一定程度いる。これはひどい話なんだけど、二〇一九年、作家の岩井志麻子が、関西テレビ（関テレ）が作ってる番組で「韓国人の気質ってどんなですか?」と訊かれた際、彼女は韓国人との交際経験もあるから、「韓国人というのは、手首切って死ぬ死ぬ言ってるブスみたいなもん」というようなことを言ったわけです。それがそのまま無編集で流れた。

青木　岩井志麻子は僕も知らぬ間柄じゃないし、それこそ新宿ゴールデン街あたりで何度も一緒に酒を飲んだことがあります。おそらく彼女は本質的に韓国好きで、安田さんがおっしゃるように韓国の男性ともつきあっていて、彼女なりのネタとして言ってるつもりなんだろうけど、ああいう言説の悪影響は侮れない。しかもあれは収録番組だから、放映前にテレビ局側が「問題ない」と判断したことになる。

安田　まさにそうなの。生放送で言っちゃったことが流れちゃったという予期せぬ事故ではなくて、番組考査を通った収録番組だったんです。さすがにこれはひどいということで、BPO（放送倫理・番組向上機構）案件になりました。

結論から言うと、BPOを通して関テレは謝罪するはめになったのですが、その過程で、BPO案件となった以上、会社としては〝何かやっている姿勢〟を見せなくちゃいけなくなった。うちの社は、差別問題に対してこんな取り組みをしています、といったアピールです。それで社外からNPOの人とか僕なんかが呼ばれて、全社員を対象に二回に分けて話をさせられたんです。こういう問題に関して何がいけないのか、ヘイトスピーチとは何かみたいな初歩的な話をしました。

ところが、「何が悪いかわからない」みたいな反応もあるわけです。「岩井さんの発言は、ただの論評じゃないですか」と質問してくる。僕も話が上手なほうじゃないし、何がヘイトスピーチかというのは僕にとっても言葉に詰まるようなことはあります。考えなければいけないことはたくさんあるけれども、それにしてもこんな疑問を投げかけられることには驚いてしまって、いくら言葉を重ねても理解してもらえないわけです。

「関西は在日コリアンが多いし、在日に対する愛情もある。その愛情がなぜ安田さんに伝わらないのかわからない」と言う。「私に伝わるか伝わらないかが問題ではなくて、テレビの前にいる人を意識しないんですか。あなた方がどんなに愛情があるといったって、その愛情が伝わらなければ失敗なんだから」みたいなやりとりもあり、一時は険悪な雰囲気にもなりました。

後日、同社のある社員から連絡をもらいました。「あなたにはびっくりさせたかもしれない。テレビの制作現場は、差別に対していかに無理解であるか、無関心な者が多いか、よくわかったと思う。恥ずかしい限りだが、それが現状です」と。

K-POPファンに「韓国批判」を語らせようとする倒錯

もちろんすべての局がそうであるかは僕にはわからないし、属人的な問題でもあるとは思う。ただ、関テレにおける経験をきっかけに、ぼくが知る限りのテレビ関係者に話を聞いて回りました。主に在日コリアンの人たちです。

たとえばある局の在日の記者は、取材先で不当な扱いを受けていた。自然災害の取材に出向いた先で、「韓国人には話すことがない」と言われたそうです。この記者は「韓国人は日本人の気持ちなど理解できるはずがない」とまで言われた。あまりに悔しくて、上司に「民族差別を受けたのだから、社として抗議できないか」と相談したのですが、「取材先に抗議などできない」と断られたそうです。仕方なく別の上司にも相談しましたが、返ってきたのは「取材拒否なんてよくある話だ」という言葉だけ。差別の深刻さというものをまるで理解していないのです。もちろん取材拒否なんて、どこの現場にだってある。だれもが幾度も経験する。たしかに珍しいことではない。しかし、このケースはたんなる拒否ではなく、明確な差別であり、人権侵害です。その記者はこの一件があってから、退社を真剣に考えるようになったと言います。

また、別の局の在日記者も、驚くような体験を話してくれました。

二〇一九年、ＧＳＯＭＩＡ（日韓軍事情報包括保護協定）破棄の問題や貿易摩擦などがあって日韓関係が悪化、両国を往来する人も激減した時期がありました。しかも「韓国内では反日の気分が盛り上がっている」といった報道が相次ぎました。

ある局は、それを「絵」にしたかったのでしょう。カメラクルーを空港に派遣し、ソウルから飛行機が到着するたびに、韓国帰りの日本人観光客へカメラとマイクを向けたわけです。「韓国はどうでしたか？　怖い思いをしませんでしたか？」と質問をぶつける。ところが、局が期待する返答がまったくなかったそうなんです。

そのころ観光客の主体はＫ－ＰＯＰファンの女性ですから、韓国を楽しむための術を知っている。偏見なく街に飛び出し、十分に堪能して帰国する人が多い。だからこそ「楽しかったです」といった答えばかりになってしまった。まあ、当然と言えば当然です。私も同時期に韓国に出向いて取材していますが、少なくとも日本人観光客を敵視するような雰囲気などまるで感じませんでした。すると、クルーのひとりが苛立ってきて、「こんなんじゃ放映できないよ」と言い出したそうです。

そんなとき、たまたま釜山（プサン）から到着した便があった。釜山便はもともと乗客がそれほど多くない。時期が時期ですから、この日の釜山便はいつも以上に空席だらけだった。その便を利用した日本人観光客が到着ゲートから出てきた際、それまでと同じようにクルーが取り囲む。韓国の感想を訊かれた乗客のひとりは「飛行機のなかがガラガラに空いていたので怖かった」と話しました。これは使えると、スタッフは思ったのでしょう。その日の夜、ニュースで放映されたのは、この乗客の姿です。しかも「飛行機のなかがガラガラに空いていたので」の発言部分はカットされ、たんに「怖かった」という言葉だけが流されました。

この一部始終を知る立場にあった記者は、あきれ顔で私に訴えました。

「差別や偏見はもちろんですが、捏造（ねつぞう）といってもよいでしょう」

本当にそのとおりだと思います。これらスタッフや、関西テレビで差別発言を擁護した社員が、みなネトウヨだというわけでもないと思います。ただ、間違いなく、偏見を持っている、そして差別に対する抵抗感が薄い。しかもメディアとしての影響力を考えれば、街頭のヘイトデモ以上に怖い存在かもしれません。

日本人が朝鮮半島の被害者になった瞬間

青木　まったく同感ですし、テレビ局で働く在日記者の話は本当に身につまされます。そんなエピソードを聞くと、日本における「嫌韓」と韓国における「反日」はしばしばステレオタイプに同列視されるけど、日本のほうが状況はかなり悪化しているのかもしれないと思ったりします。

僕は韓国に合計で五年以上も滞在して、その大半を日本メディアに所属する日本人特派員として取材していたけれど、記者としても生活者としても、日本人であることを理由に不快な思いをしたことはありません。一度だけ深夜の居酒屋で特派員仲間と呑んでいたとき、酔っぱらった中年男性が「日本語でしゃべるな！」などと差別的な言葉遣いで罵り出したことがあったけれど、こちらが韓国語で話しかけると「おお、韓国語が話せるのか」と言って逆に仲良く一緒に酒を呑んだぐらいで。

そんな個人的な思い出話はともかく、少なくとも僕は温かく接してもらった記憶しかないし、周辺の日本人駐在員からも不快な思いをしたという話はほとんど聞いたことがない。日本を批判する集会などがしばしば開かれることはあっても、市中で個々の日本人に当たり散らす心性が韓国社会に広がっているとは感じられませんでした。

一方、在日コリアンの記者がそれほどひどい目に遭っているとすれば、それで日本社会全体を決めつけるのはやはり強引にしても、ひょっとすると最近の日本のほうが草の根の状況は悪化していて、ネトウヨ的な心性がかなり広範に漂ってしまっているのかもしれない。

話は変わりますが、あらためてその原点が何かと振り返ってみると、大きな分岐点は日朝首脳会談だったと僕は思うんです。

安田　二〇〇二年の？

青木　そうです。拉致問題が最大の焦点となり、日本政府が認定する拉致被害者のうち四人が生存、八人が死亡したと北朝鮮側が通告した会談。

安田　小泉訪朝のときですね。

青木　ええ、小泉純一郎と金正日（キムジョンイル）による史上初の日朝首脳会談です。

僕は当時、ソウルで取材していて、ある先輩特派員がこんなふうに評したのを覚えています。「朝鮮半島との関係で日本が戦後初めて〝被害者〟の立場になったな」と。そのときはあまりピンとこなかったけれど、いま考えるとかなり核心を突いた分析でした。

どういうことかというと、戦後の日本は朝鮮半島との関係において常に加害者としての反省や謝罪を求められてきたわけです。戦前・戦中に日本が朝鮮半島を併合して言葉を奪い、名前を奪い、人びとにとてつもない被害を与えた歴史を踏まえれば至極当然だと僕は思うけれど、日本人拉致という北朝鮮の国家的犯罪により、いわば日本は戦後初めて朝鮮半島との関係で被害者の立場になった。

その戦後日本の現実がどうだったかといえば、大枠では加害者として周辺国に反省や謝罪の意を示しつつ、社会の根底には朝鮮半島や在日コリアンへの差別や偏見もくすぶらせてきました。おおっぴらに差別的な言説を吐くのは愚かな少数者であっても、日本社会の中には差別や偏見が常に沈澱していて、就職や結婚といった際を含め、なにかことがあればそれは噴き出してもきた。

また敗戦から半世紀以上の時が過ぎ、あの戦争や半島統治の実態を知る世代が政治や社会の主流から消えていったのも二〇〇〇年前後のことですね。それに伴って「日本はいつまで反省や謝罪を続けなければいけないのか」といった言説が勢いを増し、右派を中心に歴史修正主義的な言説も盛んに喧伝されてきました。

さらにつけ加えるなら、バブル崩壊以後の日本経済は長期の低迷に喘ぎ、少子高齢化や人口減少などに歯止めがかからず、社会保障制度や財政再建の将来像が描けていない。一方、韓国はもちろんのこと中国が飛躍的な経済発展を成し遂げ、GDP規模で中国はすでに日本を上回りました。

それまでの日本は長きにわたって世界二位の経済大国であって、アジアではナンバーワンだと胸を張って余裕もあったけれど、もはやそんな余裕もなくなっている。国内の政治や経済情勢も一向に好転せず、新自由主義的な政策の影響で格差も広がり、人びとに不安感や焦燥感が強まるのはある意味で当然かもしれない。

ちょうどそんな時代の端境期に行われたのが日朝首脳会談でした。日朝首脳が国交正常化に向けた努力で一致し、一部とはいえ拉致被害者が帰還を果たした会談は歴史的成果だったと僕は思いますが、同時に戦後日本が朝鮮半島との関係において初めて被害者になったことで、くすぶっていた偏見や差別心が公然と噴き出し、余裕を失った不安感や焦燥感が排他や不寛容という攻撃性に変わって燃え広がってしまったのではないでしょうか。

繰り返しになりますが、北朝鮮による日本人拉致は許されざる国家的犯罪ですし、北朝鮮が異形の独裁国家であるのも事実です。しかし、だからこそ北朝鮮に対してはどんな罵詈雑言を投げつけても、冷笑して見下すような態度をとっても構わないといった風潮がメディアを中心に拡散し、それに少しでも異を唱える者には猛烈なバッシングが浴びせられることになったのではないか。

僕は当時、何度か北朝鮮に入って取材しましたが、現地で北朝鮮当局者や拉致被害者の家族などをインタビューしただけで猛烈な攻撃を受けてしまうほどでした。「北朝鮮の思惑に乗せられている」「北朝鮮の言い分を垂れ流している」などと言われて。

つまり、北朝鮮による日本人拉致問題と日朝首脳会談を大きな分水嶺とし、戦後日本の政治や社会状況が大きな変貌を遂げたのではないかと僕は考えています。強烈なバックラッシュ（反動）というか、戦後日本が一応は建前として掲げてきた歴史観への逆流現象というか、朝鮮半島への偏見や差別心などがむき出しになり、歯止めがかからないほどに広がってしまった。

その日朝首脳会談を契機に対北朝鮮最強硬派として脚光を浴び、政界の階段を駆けのぼったのが安倍晋三です。当時は官房副長官だった彼は取り巻きや支持者とともに北朝鮮憎しの風潮を煽り、そうした対象はあっという間に韓国や在日コリアンへと広がっていく。

これは安田さんがおくわしいと思いますが、『嫌韓流』（山野車輪作、晋遊舎）などという漫画が発売されたのは、たしか二〇〇五年のことでしたよね。

安田　そうです。

青木　在特会ができたのが二〇〇六年の末。

安田　はい。

「嫌いなコメンテーター」三位に

青木　そして二〇〇六年には第一次安倍政権も発足している。政治レベルの動きとヘイト団体の誕生、そして出版界におけるヘイト本隆盛の萌芽といったものが、二〇〇二年あたりを起点にすべてはじまっている。

その第一次安倍政権はわずか一年ほどで自壊しますが、二〇一二年に再び執権すると今度は長期政権として君臨し、ことあるごとに持ち出してきたのが「北朝鮮の脅威」でした。それは二〇一五年の安保関連法制を強行する理屈づけにも使われた。森友・加計（かけ）学園問題が批判されていた二〇一七年、強引な解散総選挙に打って出た際の大義名分もそう。「北朝鮮の脅威」を「国難」と称し、「国難突破解散」なのだと言い張って。

また、歴史修正主義的な姿勢があらわな政権下で日韓関係も急速に悪化の一途をたどっていきました。韓国政府の姿勢や対応にも問題は多々ありますが、悪化する韓国との政治的対立をメディアも面白おかしく煽り立て、市民社会にもたしかに韓国への嫌悪や憎悪がかなり広範に浸透してきてしまっている。

これは完全に余談ですが、『週刊文春』が読者アンケートなどをもとに「好きなキャスター&コメンテーター」とか「嫌いなキャスター&コメンテーター」という企画を時おりやっていて、二年ほど前のことですが、僕が「嫌いなキャスター&コメンテーター」部門で堂々三位になった（笑）。その時の一位が宮根誠司、二位が立川志らく、そして三位が僕。僕以外の二人は帯番組で司会を務め、毎日何時間もテレビに出ていますが、僕なんてせいぜい週に一度か二度、単なるコメンテーターとして出ているだけです。

なのになぜ三位に入ったか文春の知人に聞いたら、圧倒的に多かったのが韓国がらみのコメントへの反発だそうです。「韓国の回し者」とか「韓国の代弁者」といった批判が多く、これもちょうど日韓の対立が深まっていた時期でしたから、韓国叩きのコメントが溢れかえるなか、韓国駐在経験のある僕が韓国側の訴えや想いに言及したのが目立ったということでしょう。

なかでも猛烈な批判を浴びたのが、二〇一九年にソウルで起きた日本人女性への暴行事件に関するコメントでした。たまたま僕が出演していた「羽鳥慎一モーニングショー」で取りあげたので、僕はおおむねこんな発言をしました。「本来ならメディアが報じないような事件が大きく報じられ、それによって日本側の反発が煽られて韓国も反応し、日韓関係がますます悪化していくのは悪循環だ」と。

これにものすごい非難があったらしく、テレビ局にも抗議がたくさんきたようです。「日本人女性が被害を受けたのに、お前はそれを大したニュースじゃない、報じるに値しないと言うのか」と。

もちろん被害者の女性は本当にお気の毒だし、暴行した男の行為は言語道断の犯罪です。こうした事件が起きてしまったのは、韓国内で日本への反発が強まっている証左かもしれません。ただ、本来ならメディアが大きなニュースとして報じる事件ではないのも事実です。世界各地に暮らしたり旅したりする日本人はたくさんいて、不幸にもこうした目に遭ってしまうケースは起きる。もちろん大怪我をしたり亡くなったり、特殊な犯罪に巻き込まれたら別ですが、世界中で起きるこの程度の事件をすべて報じていたらキリがない。逆に言えば、日韓関係が悪化しているときだからニュースとして扱われるわけで、こうした事件が相互の憎悪や反発を増幅させるのはまさに悪循環です。

いずれにせよ、そんなコメントなどが原因で僕が「嫌いなキャスター&コメンテーター」の三位になった。そんなことはどうでもいいんですが、時の政権が隣国との対立を煽ってその支持者や応援団がヘイト言説を撒き散らし、メディアまでがそれに追随していってしまうと、仮に『WiLL』や『Hanada』を買って喜んで読んでいる連中などは少数派でも、一般社会にも嫌韓ムードがうっすらと広がってしまう。先ほど安田さんが指摘されたように、それは決して侮れないし、大変に危険な兆候だと思います。

安田　たしかにそのとおりです。雑誌を買わなくても、中吊り広告に煽られる人もいますからね。ところで、青木さんがおっしゃった、日本人の女性が韓国人に暴行されたというのは、たしかホンデ（弘大）でナンパしにきた男からでしたっけ。

青木　そうですね。芸術系大学のキャンパスがあるホンデあたりは、日本でいうと原宿のような街ですが、そこに観光で訪れていた日本人の若い女性が韓国人の男に声をかけられた。どうやら男は酔っていたらしく、無視されて腹を立てたのか、女性に絡みついて暴力を振るった、そんな事件でした。

嘲笑や罵声、なんでもありのバックラッシュ

安田　「モーニングショー」が幸いだったのは、青木さんがコメンテーターだったことなんだけど、「ゴゴスマ」ではコメンテーターのひとりが中部大学教授の武田邦彦だった。私が〝ヘイト番組〟だと言い続けてきた「ニュース女子」の司会者であり、最近では大村愛知県知事のリコール運動でも〝活躍〟しました。その武田は日本人女性が暴行される映像が出た後、コメンテーターとしてこういうふうに言ったんですよ。

「それは日本男子も韓国女性が入ってきたら暴行せにゃいかないからね」

青木　さすがにあの発言で彼は「ゴゴスマ」からも姿を消したでしょう。

安田　これはひどい発言で、批判する人がいたからさすがに「ゴゴスマ」も、生放送でもあったし、後で謝罪もしたけれど、ただ、「これは日本人男性も韓国人女性にやり返さなあか

ん」みたいな物言いが、在特会から発せられたわけでも世間知らずの無名ネトウヨが言ったわけでもなく、まがりなりにも大学の教員である武田が、しかもテレビに出ることのできる立場である人間が、生放送で発言したわけです。そうした人間をテレビに出しているのです。

僕が怖いなと思うのはこういうことなんです。いまワイドショーはひどいですよね。とくに韓国、朝鮮半島に関しては、青木さんが歴史的に辿ってくれたように、何を言っても構わないという雰囲気ができてしまった。

僕も自戒を込めて言えば、北朝鮮に絡めた問題なんて、僕が週刊誌にいたころは、これは裏取りがいらないし、訴訟リスクはゼロに等しく、ある意味ガセネタを書いてもやりたい放題だった。そういう記事を作っていた業界に籍を置いてきた以上、いまとなっては自分も煽っていた一人だったような気もする。だから、いつも自分のことも批判的に振り返らなければいけないと思うんですけれど。

青木　自戒が必要だというのは僕も同感です。だから北朝鮮をめぐるメディア状況を別の角度から振り返れば、日朝首脳会談以前のメディア界には北朝鮮への直接的批判がはばかられるような雰囲気もありました。とくに朝鮮総聯（そうれん）（在日本朝鮮人総聯合会）が相当な力を持っていて、在日コリアンの人権擁護などに一定の役割を果たしてきたのは事実にせよ、多くのメディアも朝鮮総聯に気圧(けお)されて報道も自制気味な面が間違いなくあった。

　つまり日朝首脳会談と拉致問題はその蓋を取り払うきっかけにもなったわけですが、今度はバックラッシュがあまりに強烈すぎて、一気に「なんでもあり」という極端な状況に染まってしまった。真っ当な批判や分析ではなく、嘲笑や罵声を浴びせて差別心を煽るような報道までが蔓延(はびこ)ってしまったんです。

　一方の日韓関係もざっとおさらいしておきたいのですが、僕は語学留学で韓国に一九九七年から一年滞在し、その後は二〇〇二年から二〇〇六年までソウル特派員を務めました。当時と現在の両国関係の変化といえば、こちらも愕然とするほどの落差です。

嫌韓の源流が「過去最高に良好な日韓関係」という皮肉

青木　いわゆる日韓パートナーシップ宣言が結ばれたのは一九九八年のことでした。僕も留学を終えて帰国した直後だったので現場で取材しましたが、戦前・戦中の植民地支配による被害などについて日本側が「痛切な反省と心からのお詫び」を表明し、その上で「不幸な歴史を乗り越えて和解と善隣友好協力に基づいた未来志向的な関係を発展させる」と謳いあげた宣言は、両国関係史に刻まれる大きな外交成果でした。

当時の日本は小渕恵三政権、韓国は金大中(キムデジュン)政権でしたが、この宣言実現にはやはり金大中の果たした役割が大きかった。二年後に史上初の南北首脳会談を成し遂げた金大中はノーベル平和賞を受賞しましたが、じつをいうとノーベル賞の受賞理由には日韓関係の改善に果たした役割もあげられているんです。韓国内ではいまもさまざまな毀誉褒貶(きよほうへん)がある金大中ですが、その先見の明と政治活動の内容は大したものだったと僕は思います。

日本統治下の朝鮮半島で生まれた金大中は日本語がペラペラで、民主化運動の過程でも日本に多くの支援者や仲間がいて、日本の表も裏も知り尽くしていました。一九七三年にはKCIAに東京から拉致されて死の淵をさまよい、さまざまな意味で日韓現代史を体現する政治家でした。

その金大中が日韓関係の和解に取り組んだのも、決して単純な善隣外交にとどまらず、南北対話に向けた土台づくりという面もありました。北朝鮮との対話に乗り出すためには周辺国の支持と理解が必要であり、日本との良好な関係を整えておくというしたたかな計算もあった。

その成果としての日韓パートナーシップ宣言などを経てサッカーの二〇〇二年ワールドカップが日韓共催になったりして、一時は日韓関係が「過去最高」と称されるほど良好な時期を迎えることになったわけです。

安田 日本文化の解禁もそうですよね。

青木 そうです。それまで公には規制されていた日本の大衆文化も金大中政権下で段階的に解禁され、日本の映画や公演、音楽ＣＤやゲームなどの販売も行われるようになりました。

と同時に金大中は韓国内の文化、芸術産業への政府支援などにも熱心に取り組みました。例のテレビドラマ「冬ソナ（冬のソナタ）」が大流行し、韓流ブームが日本で最初に起きたのは二〇〇二年。ちょうど僕がソウル駐在になった直後で、ソウルの繁華街は韓流目当ての日本人女性に埋め尽くされるほどでした。現在に通じる韓国エンタメの飛躍にも金大中は寄与しています。

さらに言えば、日朝首脳会談も金大中政権の南北対話と日韓和解の延長線上で実現したともいえます。金大中政権が環境を整え、北朝鮮の背を押したからこそ日朝首脳会談が実現して拉致問題などが前進した。それが結果的に日本国内の状況を逆方向に向かわせ、嫌韓の源流となって安倍政権の誕生につながってしまったのは皮肉な結果でしたが。

安田 戦後的なものへのバックラッシュを生んだ構造のなかで、戦後民主主義の担い手がある種のエリート的な存在と見なされていて、そこへの嫌悪感というのも基底にあるかもしれませんね。

在日コリアンへの偏見とエリート層への反発

青木　そうかもしれません。戦後民主主義といわれるものを担ってきたと目された層、メディア界でいえば朝日・岩波的と括られるような層がある種のエスタブリッシュメント（権威）を構成し、それに対するバックラッシュが起きていたという指摘にはうなずける部分もあります。それに関しては元慰安婦報道をめぐって朝日新聞への猛烈なバッシングが安倍政権下で起きたのも象徴的でした。

安田　ネトウヨを取材しているときに、こういうことを言われました。「在日って怖くないんだってことに、ようやく気づきました」と。ネットに流布されている情報や、オーラルヒストリーとして伝わってきた「在日は怖い」とか「在日は暴力的だ」とか「在日にはヤクザや犯罪者が多い」といったデタラメな言説を信じ込み、在日コリアンの存在そのものを恐れていたというのです。ところが在特会がデモをやったり、一部メディアが在日コリアン批判を、それこそヘイト記事が量産されたことによって、むしろ安心を覚えたと話すのです。大丈夫じゃん、自分たちは堂々と文句を言えるんじゃん、と思ったことが、運動に積極的に入りこむ一つのきっかけになったらしい。じつに歪んだ認識です。

彼らからすると戦後民主主義の担い手というのはエリートそのもので、知的レベルが高いと同時に、権威的・抑圧的な体制として認識されている。実態としては、戦後という時間のほとんどを自民党が牽引していたと僕は思いますが、しかし一部のネトウヨにとってみれば、戦後民主主義と呼ばれている価値観そのものが、自分を抑圧するものとして機能していた。その軛（くびき）から抜け出せた瞬間が二〇〇二年だったということになりますね。それが拉致問題とワールドカップだった。

僕はサッカーにはくわしくないんだけれど、ワールドカップは青木さんが言われたように日韓が仲良くなるお祭りだった反面、ワールドカップを見てネトウヨになったと言う人がけっこういるんです。これは僕の推論だけど、彼らは初めて生身の韓国というものをワールドカップで、いわば発見したのではないか。それは北朝鮮とは違って、近似する価値観を持ち、そして同じような社会体制で、しかもすぐ隣にある。ワールドカップで韓国のナショナリズムやパワーを目の当たりにすることによって、嫌韓の波が起きてきた。

歴代自民党政権は北の犯行と認識していた

青木　なるほど、日本社会の在日観の変化を含め、とても興味深いお話です。たしかにワールドカップとかサッカーは愛国心と結びつきやすいし、当時は両国のサッカーファンもすっかり熱くなって、大会の呼称や誤審問題などをめぐって日韓の世論が角を突き合わせるようなこともありましたからね。しかもあのワールドカップは韓国代表チームがベスト4まで進出し、日本代表はベスト16で敗れているでしょう。

安田　それまで極東の小国に過ぎないと軽視してきた韓国を否応なしに意識せざるを得なくなった。サッカーも強いし、気がついたら半導体技術なんかも進んでいるし、パソコンも携帯電話もネット関連のインフラも日本以上に普及してるみたいなところからリアルな韓国を突きつけられた。エンタメ分野は国際的にも高い評価を得ている。隣国への反発というだけでなく、そこに在日コリアンという存在も絡めてくると、優越的な地位にいたはずの日本人の足元を揺るがすような存在として、韓国が登場してきたんじゃないのかなと。

青木　そうやって振り返ってみると、日韓関係が「過去最高」とされた当時から水面下では現在の状況につながる鬱屈が日本社会にうごめいていたということですね。それが二〇〇二年の日朝首脳会談を機に公然と噴き出し、安田さんが取材をつづけているヘイトや民族差別といった現象になって社会問題化した。

だとすれば、拉致問題に僕たちがどう向き合うかはやはり重要でした。じつを言うと、相当に早い段階から日本の警察当局などは、そしておそらくは歴代の政権中枢も、これは北朝鮮によるものだとうすうす気づいていたんです。

どういうことかというと、日本の公安警察組織のなかには旧共産主義国などの電波傍受を専門に行っている部署があって、いくつかの拉致事案では発生前後に北朝鮮の不審船が発する電波をキャッチしていました。しかし、歴代の自民党政権は積極的に外交問題化しようとしなかった。つまりこれは、別に朝日・岩波的と称される戦後メディアの風潮だけによるものではなく、ほぼ自民党が独占してきた歴代政権の責任が大きかったと考えるべきでしょう。

では、なぜそういう姿勢に終始したかといえば、かつて日本が朝鮮半島の人びとにとてつもない迷惑をかけ、南北に分断されてしまった状況とも決して無縁ではありません。しかも北朝鮮とは国交もなく、戦後処理すら終わっていない。北朝鮮との間で戦後処理を終わらせて国交を正常化することと、北方領土問題を解決してロシアと平和条約を結ぶことは、戦後日本外交に残された大きな二つの宿題です。誤解を恐れずに言えば、戦後の歴代政権もそうした大義や目標を優先し、拉致問題などはさほど重大視してこなかった。

いまになって考えれば、それは大きな過ちでした。真っ当な歴史認識に基づいて戦後処理などを目指しつつ、拉致問題などもきちんと外交的に解決を目指していくべきだった。そういう構図のなかで主に右派が拉致問題に取り組み、日朝首脳会談などを契機として状況は一変した。会談によって一部の被害者が帰国したのは大きな外交成果だったけれど、これを機に戦後的な態度に対するバックラッシュが猛烈な勢いで起き、安倍晋三やその支持者たちが一挙に政界の主役に躍り出る跳躍台になってしまった。

安田　僕が先ほど、戦後という時間は実態としては自民党が牽引してきたと言ったのは、いま青木さんが解読してくれたことにも関わるのですが、その自民党の色彩がこの時期に変わるわけですね。もっと言えば、コード進行が変わった。

対日感情の世代的、経済環境的変化

青木　ええ。その後の自民党は完全に変質しました。かつての自民党は改憲や軍備増強などを訴える右派、タカ派がいる一方、護憲や反戦、近隣国との和解を訴えるハト派までを幅広く抱え、同時に党内では激しい権力闘争を繰り広げてバランスを取ってきました。だから国民政党などと称することもできたわけです。また、戦争体験世代の議員も多く、戦前・戦中の日本が国策を誤り、周辺国の人びとに多大な迷惑をかけたという歴史認識がそれなりに共有されてもいた。

しかし、近年は違います。これは一九九〇年代に選挙制度が中選挙区制から小選挙区比例代表並立制に変更され、自民党内の派閥が凋落して党執行部の力が飛躍的に高まったことの影響なども大きいのですが、長く続いた小泉政権や安倍政権下では〝チルドレン〟などと呼ばれる政治家が大量生産され、もはや党内の幅広さや多様性などほとんどありません。党執行部ににらまれたら選挙で公認を得られないから、時の政権や執行部の意向に疑義を突きつけることもない。

つまり自民党の変質というのは、国内の政治的、経済的な事情や選挙制度の変化などに加え、朝鮮半島を含む周辺国の変化も大きく影響しているということでしょう。

安田　そういう意味では、安倍の登場というのは、一国的な視点からだけでなく、東アジアの現代史のなかでとらえ直す必要がありますね。

青木　そう思います。ですから日本と周辺国の変化をもう少しおさらいしておきたいのです。

まずは地域のパワーバランスの変化と、それに伴う日本という国の国際的地位の低下です。さきほども少し触れましたが、中国が目覚ましい経済発展を遂げ、日本は二〇一〇年にGDP規模で追い抜かれました。二〇一八年には、一人あたりのGDPで韓国にも抜かれています。

その韓国の対日観を振り返ると興味深いのですが、アニメやサブカル好きが多い韓国人もかつては日本語を学ぶ者が多い傾向にありました。

ところが、現在は状況がかなり変わっています。僕が韓国に駐在したころまでは、外国語学習者の間で英語の次に人気なのは日本語でした。でも現在は日本語よりも中国語。ひょっとすると英語より人気かもしれません。

中国がこれだけ経済的に大きくなれば当然ともいえますが、韓国にとってこれは大きな変化です。かつてもいまも韓国は北朝鮮と対峙し、朝鮮戦争も休戦状態にすぎない緊張が続いていますが、冷戦体制下では北朝鮮の背後に中国とソ連が控え、韓国は政治的に日米との結びつきを重視するしかなかった。経済や貿易面でも同様です。

だから一九六五年の日韓国交正常化は成し遂げられたともいえます。当時の韓国は軍人出身の朴正熙(パクチョンヒ)率いる独裁政権でした。しかも朴正熙は旧日本軍の陸軍士官学校（陸士）出身で、日本の保守政界と極めて強い結びつきを持っていた。日本の資金をもとに経済発展を成し遂げたいという野望もあった。ここに冷戦下で日米韓の結束が必要だというアメリカの思惑もあり、ある意味では政治的妥協の産物として日韓は国交を正常化した。結果として韓国民の思いなどは完全に置き去りにされたわけです。

安全保障面での日米韓の枠組みはいまもさほど変わっていませんが、貿易をはじめとする経済面はもはやそうではない。韓国にとってみると日本との関係を否応なく重視せざるを得ない状況が変わり、日韓を結びつける接着力というものがはるかに弱まった。

また、日本で戦争を知る世代が少なくなったのと同様、韓国でも日本の統治時代を知る世代はどんどん減っています。朴正熙や金大中らはまさに代表格ですが、日本統治下でひどい目に遭わされた怒りや憤りを抱きつつ、彼らは日本のことをよく知り尽くしていました。そんな世代が姿を消し、周辺環境も大きく変わった現在、民主化した韓国は人権意識なども飛躍的に高まっている。そのうえでかつての軍事独裁政権の責任などを問い、同時に戦時や統治下の日本の行為にも「純粋な正義」に基づく厳しい眼をあらためて向けている。

それに対して日本政府は一九六五年にすべて解決済みだと主張し、それはそれで一理あっても、おおもとを辿れば戦前・戦中の蛮行が横たわっていて、一九六五年の国交正常化も実態は独裁政権との政治的妥協だった。人権意識が高まっているのは世界的傾向ですから、そういう歴史的背景を無視してネトウヨ的な排外主義や不寛容を振りかざすなら、世界に恥を振り撒く結果になるだけだと僕は思います。そのあたりは次章以降でも触れていきましょう。

第二章　友好から対立へ

日韓それぞれの事情

自民党が決定的に変質した光景

安田　拉致問題以降、自民党が変質していった過程への青木さんの分析はとても興味深いものでした。僕は永田町にはくわしくないんだけど、ただ、僕が自民党を見ていて決定的に風景が変わったなと思ったのは二〇一二年。もちろんそれまでにも青木さんが話されたような紆余曲折はあって、二〇〇二年以降は安倍的な価値観に支配されていくのだけれど、僕にとって非常にわかりやすいかたちで自民党の変化を意識したのは、二〇一二年末の衆院選挙戦の最終日、いわゆるマイク納めの日だったんです。

マイク納めというのは、それまでは新宿とか渋谷とか池袋といった大ターミナルでやるのが慣例でした。ところが二〇一二年は秋葉原で行われました。僕はそれを見に行ったわけですね。これまで何度も、自民党の最後のお願いというマイクパフォーマンスを見てきたんだけど、それと秋葉原はまったく違う雰囲気なわけですよ。

まず聴衆に日の丸の小旗を配布しているんです。それをやっているのは、自民党のネットサポータークラブ、J－NSCや若手党員。それで、夜七時くらいに自民党の大型バスが安倍を連れてくるんだけれど、その前に都議あたりが演説しているわけですよね。

その際にメディアがカメラの場所とかをキープするわけ。そこで、「カメラこっち」とか「マイクこっち」とか言って移動している報道陣に向けて、一斉に、罵声が飛ばされたんです。

「マスゴミ帰れ」と。とくに槍玉に上がったのは朝日や毎日、ＴＢＳで、「出てけ、出てけ」という声が見事なまでに湧き上がる。だれかが指揮をとっているわけではなく、自然発生的に聞こえたんだけど、「毎日帰れ」「朝日帰れ」「ＴＢＳ帰れ」と、延々とシュプレヒコールが繰り返される。これは、それまでなかった光景だったと思います。

以降すべての国政選挙戦は最終日が秋葉原なんですよ。自民党本部には遊説局という部署があって、僕は取材したことがあります。「なぜ秋葉原なんですか」と聞いてみたんですね。

そもそものきっかけは、二〇一二年九月に自民党総裁選があって、そのときに立会演説会を秋葉原でやってみたら思いのほか反応が良く、「オレ達の太郎！」という看板ができたりして、めちゃくちゃ人が集まってきた。秋葉原にはオタクが多いとかネトウヨが多いという意味ではなく、ただ親和性が高いというか、そういう人が集まりやすい環境があったというわけです。

それで、総裁選が秋葉原で盛り上がったから、二〇一二年の衆院選のマイク納めも秋葉原でやってみたらということになったらしい。するとやはり想像以上に人が集まって熱狂したから、これはいけると思ったそうです。

右翼にとって韓国は同志だった

安田　排他的な「マスゴミ出てけ」というシュプレヒコール、それから集まった人に配られる日の丸の小旗、それが一斉に打ち振られる様子――まるで国威発揚の祭典ですが、これはそれまでの選挙戦にはなかった風景であり、二〇一二年以降、自民党のありようとして僕の中に刻印されているんです。自民党は、まったく別のものになってきたなという強烈な印象ですね。臆面もなく排外的な姿を見せつけるようになった。

気がついてみたら、青木さんが言われたとおり、戦後民主主義的な価値観を持つ政治家はほとんどいなくなっていた。野中広務であるとか古賀誠、山崎(やまさき)拓など、癖のある、しかし戦後の価値観を身に宿した人が一線から退いて、戦争を知らない二世三世議員が自民党の中心となった。つまり、風景だけじゃなくて内実までも変わっていったわけです。

排他的なナショナリズムが行き渡っていくのは、自民党だけのことではない。日本の右派と呼ばれている人たちが、きわめて差別的な嫌韓の姿勢を強めるのは、やはり二一世紀に入ってからだと思います。

たとえば昔の右翼って、僕も取材しましたけど、台湾や韓国とは、反共産主義の防波堤、反共の同志として、連帯していたわけです。いまではすごく排他的な運動をしている瀬戸弘幸という日本版ネオナチのような人がいて、街頭でハーケンクロイツを掲げてあちこちでデモをやり、あいちトリエンナーレ糾弾を支援し、僕や青木さんの批判などをブログに書いている。ところが彼は、若いころには韓国の農村開発運動――セマウル運動に参加していて、韓国に実際に出向いて農村で作業をやっていたんですよ。

また、一部の右翼団体は、韓国で軍事訓練のマネゴトなんかをしていたわけです。つまり、右翼にとっては反共の同志として韓国が存在していた。そしてまた、かつては右翼の構成員に在日コリアンがいたことも事実です。

僕はある右翼団体の幹部に聞いたことがあります。「なんでいま反韓・嫌韓なんですか?」と。いまや右翼団体もそのへんのネトウヨと思想そのものが変わらなくなっているから、「昔は韓国とは、反共の同志だと言って、がっちり手を握っていたじゃないですか」と訊くと、「そのとおりだ。じつは韓国が文民政権になってからパイプがなくなった」という答えが返ってきました。

つまり日本の右翼が向き合ってきた相手は韓国の一般庶民ではなく、軍や情報機関の人間だったんです。日本の陸士上がりの軍人なんかが韓国のなかにけっこういたんですよね。

青木　ええ。朴正煕などはまさにその代表格です。先ほどお話ししたように、朴正煕は旧日本軍の陸軍士官学校出身で、だから日本の保守政界と濃密なパイプを持っていました。朴正煕が暗殺された後にクーデターで権力を掌握した全斗煥（チョンドゥファン）、そして盧泰愚（ノテウ）といった歴代大統領も軍出身の元軍人です。

安倍晋三一族と在日コリアンの濃密な関係

安田　そういうことです。旧日本軍の影響を受けた親日派的な存在はかつては韓国軍人のなかに多かった。日本の右翼はその層と反共という点で一致し、同時に日本政界との利権のパイプ役となり、固く結びついていた。ところが文民政権になってからは韓国社会も変化し、民主主義を成熟させ、日本の右翼は韓国とのパイプを失うわけです。

かつての親韓派である右翼幹部は私の取材に対し、「我々は韓国の民間にもパイプを持つべきだった。そうしたら日韓の右翼は団結できたかもしれない。しかし我々は軍としかつきあいがなかったから、韓国自体とのパイプが断ち切られた。そうなると韓国を、日本の国益という視点だけで見るしかない。そうすると我々は韓国の反日が許せない。竹島をめぐる領土政策が許せない。我々としては韓国の内情に深く関われないし、内情を知る機会も手段も持つことができないから、こうしたスローガンしか出てこないわけだ」と解説しました。たぶんそのとおりだろうなという気がします。

そういったかたちで、民間の右翼から政権に至るまでが、二一世紀に入って、色彩を変え、姿を変え、内実を変えていく。排除の空気がどんどん広がっていく。それにともなって、社会もメディアも、そうした気配に感染してよりいっそう、差別的で排他的な社会が作られたのかなという気がしますね。

青木　そうですね。二一世紀に入って色彩が変わった、というのはそのとおりだと思います。そして二〇〇二年の日朝首脳会談などが分水嶺になった。

一方、かつての日韓保守政界の親密な関係という意味では、安倍晋三の選挙地盤である下関の風景も象徴的でしょう。僕は現地で取材して『安倍三代』にも書きましたが、山口県下関市にある安倍の邸宅や事務所は、もともとパチンコ店を営んでいた在日コリアン実業家の土地だったんですね。

もちろん安倍晋三が手に入れたものではありません。彼にそんな才覚も懐の深さもあるはずがなく、父である安倍晋太郎が地元で在日実業家の熱心な支援を受けていたからです。その実業家はのちに帰化し、すでに亡くなっていますが。

せっかくなので安倍家のルーツを簡単におさらいすると、晋三の父方の祖父に当たる安倍寛（かん）が政治家として最初に国政進出を果たし、一九三七年の総選挙で衆議院議員に初当選しました。安倍家は日本海に面した小さな漁村で代々醸造業を営んでいましたが、安倍寛は村長などを務めて地元の人びとの厚い信頼と支持を集めていたようです。

そうした支援を背に国政進出した安倍寛はじつに立派な政治家でした。軍部が圧倒的な力を持っていた時代に軍部の暴走や富の偏在を批判し、一九四二年のいわゆる翼賛選挙では大政翼賛会の推薦を受けずに当選を勝ち取っている。まさに反戦・反骨の政治家です。安倍晋三に爪の垢でも煎じて飲ませたいぐらいですが、残念ながら安倍寛は病気がちで、終戦の翌一九四六年に五一歳の若さで亡くなってしまう。

その安倍寛の一粒だねである晋太郎が岸信介の娘・洋子と結婚し、毎日新聞の政治部記者を経て後継になるわけですが、晋太郎も決して左右に傾かないバランス型の政治家でした。また、下関は古くから日本と朝鮮半島との交流の要衝になってきた港町ですからね。現在も釜山と行き来する関釜フェリーが就航していますが、地元には在日コリアンもたくさん暮らしているわけです。

そして安田さんが一部指摘されたように、冷戦体制下では日本の保守政界と韓国の軍事政権が反共と利権を結節点に深く広く結びついていました。したがって韓国系の在日実業家が晋太郎を支援するのはとくに不思議でもなく、下関では邸宅や事務所用の土地の提供までを受けていた。

このうち下関の高台にある邸宅の敷地は晋太郎時代に登記が移され、現在は晋三名義になっています。

これには事情があって、かつて「パチンコ疑惑」が右派メディアのキャンペーン報道で政治問題化しましたよね。主に社会党議員らがパチンコ業界と癒着しているという点が批判の的になったイデオロギー色の強いキャンペーンでしたが、「疑惑」は当時の自民党幹部だった晋太郎にも飛び火した。下関の邸宅などの土地は在日実業家から格安で提供されているではないかとメディアに指摘され、邸宅の所有権は間もなく晋太郎に移されたんです。

しかし、事務所の敷地は現在も在日実業家が立ちあげた会社が所有者になっているはずですよ。

日韓地下水脈と岸信介

青木　こういう政治と地元財界の関係が健全かどうかといえば、相手が在日であろうとなかろうと不健全だと僕は思いますが、かつての日韓の関係を、とくに両国の政権をつないでいた深く密接な関係を踏まえれば、似たような話はあちこちに転がっていたでしょう。

ご存知のように在日コリアン社会にもいわゆる民団（在日本大韓民国民団）系と総聯系があって、民団系で商売をやっている在日実業家にしてみれば、自民党の政治家と結びつくのはむしろ自然なことでした。

もうひとつ指摘しておかねばならないのは、下関という街で安倍寛や安倍晋太郎が置かれていた状況です。日本海に面する村で醸造業を営んできた安倍家は、地元では絶大な支持を受けていましたが、選挙区内の最大都市である下関ではアウトサイダーだった。下関のエスタブリッシュメントはなんといっても林家でしたから。

安田　サンデン交通を経営する林一族ですね。私も週刊誌時代に同社の労働争議などを取材したことがあります。下関における同家の存在感の大きさに驚いたことがあります。

青木　ええ。地元で大きな力を持つサンデン交通グループやガス会社などを牛耳る林家は戦前から政治家を輩出し、戦後に通産官僚を経て政界入りした故・林義郎は厚生大臣や大蔵大臣などを歴任しています。

現在はその系譜を長男の林芳正が継いでいるけれど、晋太郎が政界入りしたころの下関は林家の威光が絶大で、主だった地元有力企業はほとんどが林家の支援についた。中選挙区制のもとでそんな選挙を戦うことになった晋太郎は当初、少なくとも下関では新参者のアウトサイダーであり、だから地元では在日コリアンの実業家をはじめとするアウトサイダーたちの熱心な支持に頼った。

しかも晋太郎がなかなか大したものだったのは、民団系の在日実業家らの支援を受けつつ、総聯系の在日コリアンにも決して敵対的ではなかったらしい点です。

下関で取材してみると、総聯系の在日コリアンは安倍晋三をクソミソに批判しますが、晋太郎のことを悪くいう在日コリアンはほとんどいない。聞けば、下関の朝鮮学校を密かに視察して大量の文房具を寄贈したこともあったそうです。やはりバランスがいいというか、懐の広い政治家だったのでしょう。晋三とは雲泥の差です。

その晋太郎の最大の後ろ盾は義父の岸信介であり、ある意味ではその威光に頼るひ弱なプリンスといった見方をされてきたわけですが、晋三が敬愛しているらしき岸もまた朴正熙政権と深く広く結びついていました。いや、往時の「日韓地下水脈」をつなぐ主役こそ岸だったと評しても過言ではないでしょう。
国交正常化から間もない一九六九年に設立された日韓協力委員会の日本側初代会長は岸信介。同時期に華々しく就航した関釜フェリーの第一便にも岸は晋太郎らとともに乗船しています。もちろん反共というイデオロギーが最大の動機だったでしょうが、日韓国交正常化に伴う巨額資金などをめぐる利権漁りの側面も強かったはずです。

日韓友好が対立へ転換した背景

安田　韓国ロビーが暗躍していた時代もありました。そういえば、九州と韓国・釜山を結ぶ日韓トンネル構想なんてのもありました。

青木　あれは統一教会も暗躍してましたね。構想自体は戦前からあったようですが。

安田　そう。日韓トンネルを建設しようという統一教会の構想に、自民党の一部議員が呼応しようとする動きもあった。八〇年代から九〇年代にかけての自民党は、韓国ロビーなんかが行き交うなかで、たとえば統一教会から秘書を派遣されるようなこともしょっちゅうありました。

それは自民党議員にとってみれば当たり前のことだったわけです。統一教会がそれなりに力を持っていて、さまざまな人脈や資金を担っていて、それと密通する自民党が良かったと言うつもりはありませんが、まだ韓国と怪しげな分野で一定の繫がりは持っていた。

いまはそこすらも断ち切られてしまったかたちですよね。そして植民地時代を知っている人が皆無になってきている。韓国の中で日本語を話せる人は、親日家とか知日家と言われているだけではなくて、一部の人は日本のリベラル派と気脈を通じていたし、日本のことを理解してくれている人たちでもあった。

青木　そのとおりです。反共や利権を接着剤として岸信介を筆頭とするタカ派が朴正熙、全斗煥といった軍事政権と密接につながっていましたが、一方で自民党内のハト派や社会党の政治家らも韓国内の民主化運動を支援し、そうした民主化勢力とさまざまな関係を築いていました。

韓国側では金大中などがその代表格で、だから金大中は保守からリベラルまで日本政界に幅広くパイプを持ち、日本の表も裏も知り尽くしていたわけです。金大中に先立って政権を担った金泳三（キムヨンサム）なども同様です。

しかし、日本で戦前・戦中生まれの政治家がどんどん姿を消したのと同様、韓国でもそういう政治家が次第に政界から消えていった。時代の流れだから当然のことなのですが、軍事政権を率いた朴正熙や全斗煥にせよ、民主化後に政権を担った金泳三にせよ金大中にせよ、これは韓国にとって屈辱の歴史が根っこに横たわってもいるわけですが、全員が日本統治下で生まれ育ち、日本語も流暢にあやつる「知日派」でした。

つまり、かつての韓国政界は保守にしてもリベラルにしても——韓国ではこれを「保守」と「進歩」と称することが多いのですが、左右双方ともに日本と太いパイプを持って日本のことを知り尽くした政治家が政権を担ってきた。そうした状況が大きく変わったのはやはり二〇〇三年です。

この年、金大中の跡を継ぐかたちで盧武鉉(ノムヒョン)政権が誕生しています。僕も特派員として盧武鉉の大統領選を取材しましたが、これも金大中の積極政策などによっていち早くＩＴ社会化を果たしたことなどを背景とし、当初は泡沫に近かった盧武鉉がネットなどを通じた若者たちの熱狂的支持を受けて当選を果たしました。

盧武鉉は、日本風にいえば「戦後生まれ初」というか、正確にいうなら「日本統治からの解放後生まれ初」となる韓国大統領でした。当然ながら日本語はできないし、人権派弁護士出身なので外交問題に精通しているわけでなく、日本のこともほとんど知りません。その盧武鉉政権下で「史上最高」と称されていた日韓関係は急速に悪化していくことになったわけです。

もちろんこれは盧武鉉のせいだけではありません。日本側の小泉政権は日朝首脳会談を成し遂げる一方、首相自身が靖国神社への参拝を繰り返し、右派団体が主導した復古的な歴史教科書問題にも韓国側から厳しい眼が注がれていました。

政権レベルの動きではありませんが、二〇〇五年には島根県が県条例で「竹島の日」を制定し、韓国世論の猛反発がわき起こります。

これをあまりくわしく話すと長くなるので手短に済ませますが、日韓が領有権を主張している竹島、韓国でいう独島(ドクト)は、韓国にとってみると単なる領土問題ではなく、歴史認識が濃密に絡んだ非常にセンシティブな問題なんですね。領有権をめぐる日韓どちらの主張が理にかなっているかはともかく、朝鮮半島などの権益争いが背景にあった日露戦争に勝利した日本が一九〇五年に竹島＝独島の領有を閣議決定し、これが日本による植民地支配の大きな一歩になったと韓国側ではとらえられている。だから単なる領土問題ではなく、歴史問題と直結した問題としてとらえられてしまう。

まさに二〇〇〇年代に入って日韓それぞれを率いた小泉政権と盧武鉉政権の間では、そんな竹島＝独島問題と首相の靖国参拝問題、歴史教科書問題が三点セットとなって同時に持ちあがってきました。しかも日本国内では先ほどから話したような急速な右傾化というか、戦後的価値観へのバックラッシュのような排他的攻撃性が強まっていました。

それに対して盧武鉉政権はどう対応したか。当時ソウルで取材していた僕は、韓国政府の高官と懇談した際、こんなふうに尋ねられたのをいまも覚えています。靖国問題と教科書問題、そして独島＝竹島問題に韓国政府はどう対処すべきだと思うか、と。

プーチンやアメリカには反応しない

青木　僕はおおむねでこんなふうに答えました。まず、竹島＝独島問題には深入りしないほうがいいと。現実的に韓国が実効支配しているわけだし、いくら韓国にとって歴史認識が絡んだ重要問題だとしても、領土問題はどんな政権同士でも完全解決などするはずがなく、日本政府としても譲歩などできない。また歴史教科書問題も、教科書検定に政府は直接介入できないのが一応の建前だから、これを外交問題としても小泉政権としては対応は難しい。

一方の靖国参拝は首相自身の信念と行為の問題だから、これは首相の判断で対応が可能かもしれないと、そんなことを言ったんです。

また余談になってしまいますが、この話を以前どこかでしたら、一部から辛辣に批判を浴びましてね。「ジャーナリストとしての領分を超えた政治への協力行為で、お前がいつも批判している政治と一体化した政治記者と同じじゃないか」って。なるほど、たしかにそう受け止められるのもわからなくはないけれど、僕は別にそれ以上のフィクサー的行動をとったわけじゃない。単に懇談の場で尋ねられたから答えただけにすぎないし、僕の発言が韓国政府に影響を与えるほどの力を持っているはずもない。

実際、盧武鉉政権はまもなく対日政策を転換し、とくに独島＝竹島問題や歴史教科書問題を前面に打ち出す姿勢を鮮明にしてしまいました。背後には韓国世論の高まりもあったし、歴史のイフを語っても詮ないのですが、これが日本の表も裏も知り尽くした金大中政権だったらどうだったかとも思います。老練の金大中ならまた別の対応をしたのではないかと考えたりもするんですが、ある意味では日韓ともに——それは保守にしてもリベラルにしても、二一世紀に入った両国の政治は新たな時代に合わせてバージョンアップさせることができなかったといえるのでしょうね。

つまり日本側では、軍事独裁と結びついたタカ派はもちろん、民主化勢力を支援した政治家たちも姿を消し、陳腐な修正主義的歴史観を振りかざす政治家ばかりが増えていった。一方の韓国でも、善かれ悪しかれ日本を知り尽くした為政者の時代が終わり、ある意味で「純粋な正義」を正面に掲げた政権の時代になって、両国を結びつけてきたパイプはどんどん細っていった。これは盧武鉉時代に限らず、以後の韓国保守政権も同じです。たとえば李明博大統領は、国内向けの政治アピールのために独島＝竹島に上陸してしまったでしょう。

安田　ある意味で火に油を注いだわけですよね。李明博が上陸したのは二〇一二年です。同じ年にロシアのメドベージェフ首相が北方領土に上陸しているんですよ。そしてロシアの国旗を振ってるんだけど、そのときはロシア大使館のある東京・狸穴周辺で日本の右翼がちょっと騒いだだけで、日本の草の根保守やネトウヨはだれも騒いでいない。

ところが李明博が竹島に上陸すると、沸騰するわけです。韓国大使館周辺はもとより、全国の街中でさまざまな反対運動や上陸に対するリアクションが盛大に行われる。

これは通常のナショナリズムというよりも、やはり嫌韓意識と差別感、韓国だからここまで沸き立つという、いまの社会の特異な状況があるのかなと感じました。米軍が沖縄の土地や海を奪っても、ロシアの首相が北方領土に上陸しても、日本のネトウヨは騒がない。韓国がやると、途端に日本人のナショナリズムが高揚し、激しい反発が起きるというのが、日本型の排外主義の姿かなという気がします。

青木　そうですね。排外主義に加え、根っこにはやはり朝鮮半島に対する抜きがたい偏見や差別意識が横たわってるんでしょう。また、弱いものいじめの気配もある。アメリカや中国、ロシアといった大国に刃向かったらリアクションが怖いけれど、北朝鮮はもちろん、韓国ぐらいが相手なら叩いても構わないといった心性もちらついて気分が悪くなります。

安田　そのとおりですね。青木さんが言われたように、朝鮮半島との関係で言えば、拉致問題ではじめて日本が被害者になった。それはイコール、初めて韓国、北朝鮮に堂々とものを言えるようになったと思い込んでいる人間がいて、そのうちヘイトを吐き出すようになった。タガがはずれた状態になってしまったということでもありました。

本来、対等にものが言えるということは悪いことじゃないんだけど、戦争や植民地主義への反省を、たんなる抑圧だと思い込んでいる人間にとってみると、解き放たれた気持ちになって、それが一気に排外主義にまで突き抜けてしまったんじゃないか。

上から見下し、かつ下から見上げる差別

青木　なるほど。しかし、よく言われる指摘をあえて持ち出しますが、ヘイト団体が訴える「特権」を日本で享受している者がいるとすれば、その最たるものはアメリカなわけでしょ

う。なのに「戦後レジームからの脱却」を打ち出した政権は「戦後レジーム」そのものであるアメリカとの関係を再構築する気はない。むしろ自ら尻尾を振ってひたすらにひれ伏すだけ。

世界から眉をひそめられたトランプ政権にも媚を売りまくり、目玉が飛び出るほど高額な兵器を爆買いさせられ、沖縄県・辺野古の基地建設や地位協定は見直しに言及することすらしない。アメリカが中国包囲網だと言い始めればその尻馬には乗るけれど、面と向かって中国に物申すこともほとんどない。

官邸主導のロシア外交もひどいものでした。北方領土交渉が前進するかのようなムードを勝手に振り撒き、「固有の領土」という表現すら封印したあげく、安倍晋三はプーチンに向けて「ゴールまで、ウラジーミル、二人の力で、駆けて、駆け、駆け抜けようではありませんか」などと気持ち悪い台詞で呼びかけたけれど、最終的には一蹴されて一巻の終わり。

これほどみっともない外交的失敗は近年珍しいでしょう。しかしそれも政権支持の右派連中はたいして問題視することもない。なのに韓国が相手だと途端に居丈高になり、けしからんと声を荒らげてふんぞりかえる。排外主義にしてもレベルが低い。政治や外交としてのレベルの低さに加え、強きに弱くて弱きに強がるというか、その心性の醜さにほとほと嫌気がさします。

安田　日本に住んでるコリアンに対する見方にしても、日本社会では昔から差別と偏見を抱えている。在日は怖いとか貧しいとか犯罪者が多いとか、そういうデマに基づいた上から見下す差別はかつての世代には典型的にあったし、もちろんいまでもあると思うんだけど、現在は、上から見下す差別をがっちり抱え込みながら、下から見上げる差別も同時に抱えている人が多いと思います。

その典型が「在日特権」という言葉だと思うんです。在日コリアンは優遇されている、恵まれている——そうした見方。日本人は苦しんでいるのに、在日は生活保護を優先的に利用できる、日本人から福祉を奪っている。あるいは大学入試でも、日本人は英語だ第二外国語だと苦労しているのに、在日は韓国語で入試を通ってしまう。なかには在日コリアンは電気、水道の料金も免除されているのだと主張する者もいる。すべてデマです。あり得ない話です。

外国人のくせに恵まれている、自分より優遇されている、下駄を履かされているという意識ですよね。上からの差別を抱えながら、そこに下からの差別を持ち込んで、在日コリアンをわざわざ特別な地位に押し上げている。そういうところが昔との違いかなという気がしますね。

これは一度記事に書いたことがあるんだけど、「韓国の文句ばかり言ってるけど、アメリカとかロシアとかに言ったらいいじゃん」みたいな話をネトウヨにしたら、「あそこは外国だから」と答えた者がいました。一瞬わけがわからなくて。当然、韓国も外国なわけだけど、彼らにとっては、アメリカやロシアこそが外国なんですよ。物理的、精神的な距離感がある。

ところが韓国はネトウヨにとって、植民地という意識ともまた違っていて、類似した価値観、物理的に近い距離感が相まって、他の外国とは違うという感じ。取材相手はたまたまボキャブラリーが貧困だからそういう言い方をしたんだけど、特異な視点だけは伝わってきました。

新たな韓流ブームは何を生むか

青木　そういう意味では近親憎悪という面もあるんでしょうかね。日韓関係に携わる人びとの間でよく語られる言葉があるんです。日本と韓国の人びとは、それぞれがまったく別の外国に行くと自国と似たところを見つけて喜ぶくせに、日本と韓国を相互に訪ねた際は自国と違うところを見つけて腹を立てる、と。そもそも隣国同士の仲が悪いのは世界中によくある話でもありますし。

一方で最近は、とくに日本の若い人たちに韓国のポップカルチャーが相当広く浸透しているでしょう。僕はその分野にあまりくわしくないんですが、現在は第三次の韓流ブームなどと言われていて、音楽やドラマはもちろん、ファッションから文学にまで若い人や女性たちが夢中になっている。そういう層ではまた別の韓国観が広がっているのではないですか。

安田 僕は去年K－POPの取材をしたことがあります。日本人の若者がTWICEに続けとばかりに韓国に行って、向こうでレッスンを受けて芸能人になろうとしている。その子たちにインタビューしたんだけれど、良くも悪くも韓国に対する偏見がない。良くも悪くもというのは、歴史問題への興味も関心も感じられなかったからです。

そういうことを抜きにして、単純にカルチャーとしての韓国にはまっているし、韓国人の女の子と同じようなメイクをし、韓国のテレビに出たいと思っている。そういう若手たちが弘大(ホンデ)あたりに大勢いる。

とくに女性の多くは下宿してレッスンに通っている。いい商売だから、芸能人になんかなれないとわかっていても、レッスンを受け付ける。けっこう高いんですよ。月に一〇万円くらいのレッスン料がかかる。そういう日本人の女の子をお客さんとしてどんどん受け入れていました。いまはコロナの関係で少なくなっただろうけれど。

そういう若い子たちの日韓交流は、僕らが知っている文脈とはまったく違う流れで続いているんです。コロナ禍においても、たとえばＮｅｔｆｌｉｘでドラマ『愛の不時着』が大ブームを起こしたのは、偏見なしに作品をストレートに受け止めて楽しんでいる人が増えたということで、悪いことじゃないと思いますね。というか頼もしいし、うらやましい。

韓国映画の『パラサイト　半地下の家族』が日本でもそれなりに動員を招いたけれども、これまで韓国映画ファンには、韓国通を自称する人や、サブカル的な意味合いで韓国のカルチャーに深く接している人が多かったわけだけど、これらマニア層を遥かに超えて、普通に当たり前にいまの韓国の文化を受け入れる人たちが広範に生まれてきている。

韓国について、嫌韓とは違う文脈もあるんだな、と。ここにどう期待していいのか、まだ僕にはわからないけれども、それはきちんと見ておくべきではないかと思います。

女子高生とネトウヨのバトル

青木　つまり政治やメディアのレベルとか、あるいはオッサン的な心性のネトウヨ連中は韓国を罵り、しばしば居丈高にふんぞり返ったりするけれど、Ｋ－ＰＯＰやファッションなどを入り口にして韓国エンタメに親しむ若年層や女性たちにはまた別の空気が流れている。それもオッサン的な心性のネトウヨを苛立たせるんでしょうね。

しかも最近はその韓国エンタメが世界中でも大人気でしょう。BTS（防弾少年団）は米ビルボード・チャートのトップを快走し、安田さんがあげた映画『パラサイト』は米アカデミー賞をはじめとする国際的な賞を総なめにした。韓国社会にもさまざまな矛盾や格差が渦巻いているけれど、余裕を失って不安感や焦燥感が蔓延する日本側には、かつて「遅れた国」ととらえていた韓国の躍進への嫉妬のようなものもあって、巷のヘイト言説の周辺にはそれが濃厚に漂っている。

安田　それはいまに始まったことではなくて、日韓ワールドカップのあとにNHKが「冬のソナタ」を放映し、韓流ドラマ・ブームがはじまるわけですが、初期の韓流ファンは中高齢女性が中心でした。その潮流に対する反発は、僕が取材したネトウヨにはものすごく強くありました。つまり、NHKや地上波のフジテレビが重要な時間帯に韓国ドラマを当て込むのが許せないというわけです。

その反発と差別意識が暴発したのは、二〇一一年の反フジテレビ騒動ですよね。俳優の高岡蒼甫（現・高岡蒼佑）がフジは「韓国のTV局か」みたいな、要は韓国に乗っ取られたという意味のことをSNSに投稿して、そこにネトウヨを中心とした嫌韓層が同調した。フジテレビ抗議デモと銘打った集まりを取材しましたが、東京・お台場のフジテレビに六五〇〇人集まった。六五〇〇人がフジテレビを取り囲んで、「韓流ドラマはいらない」とシュプレヒコールを繰り返している。そして彼ら彼女らは、日本のテレビ局が韓国に奪われたと主張するわけです。バカバカしいけど一種の喪失感を見た気もしました。当然そこにはヘイトな主張も混ざっているわけです。

青木　旧来の偏見や差別に加えて近親憎悪や不安感、喪失感が相まっている複合症状。安田さんの話をうかがっていると、近年の日本に広がるヘイト的な風潮もやはり、トランプを支持するアメリカの現象などと相似形の面がありますね。過度な新自由主義とグローバリズムなどの煽りを受けて没落した中間層が深い喪失感を抱き、将来が見通せない不安感や焦燥感も手伝って「アメリカを再び偉大に」と叫ぶトランプのようなポピュリストにすがってしまう。その周囲には反知性主義や陰謀論なども渦巻いている。

同様に日本で蔓延するヘイト言説も、かつてのような上から見下しての差別や偏見だけでなく、まさに下から見上げての差別もあって、喪失感や不安感が排外主義に結びついている。いわば喪失感や不安感を埋め合わせるために。それを正当化する「在日特権」などというのは妄想にすぎないけれど、この点も反知性主義や陰謀論と通底します。

安田　彼らからすると韓国は自分たちが上から見下して差別する対象というよりも、韓国によって奪われる一方の日本という現状認識なんです。テレビも奪われた、と。象徴的なプラカードは「フジテレビはサザエさんだけやってればいい」みたいなものでした。

つまり、韓国にテレビの帯枠を与えるなということを必死に主張していた。差別を土台とした「危機感」が、あそこまで人を集めたと思うし、各地で反対運動が盛り上がったのも事実だと思います。そのころから、韓流ドラマをはじめ、韓流とされるものに対するアンチテーゼの動きは強くありました。

もちろんいまもある。BTSとか、K‐POPのコンサートにネトウヨが押しかけることもある。武道館とかだと、入り口あたりに日章旗を持った連中がいました。

青木　K‐POPファンからすれば、そういうネトウヨ活動家はどう映るんですかね。

安田　女子高生のK‐POPファンがネットで「うざい」と書いて、それに対して「オレたちをうざいと言った」とネトウヨが逆上するという一幕もありましたね。女性に何か言われると余計にムキになりますからね。

青木　「うざい」と言われて逆上って、本当にバカバカしい話だけれど、「うざい」のはそのとおりじゃないですか（笑）。

いずれにせよ、嫌韓を煽る政治やネトウヨ連中がはびこる一方、韓国のポップカルチャーに親しむ若年層や女性層が現在の日本には並存している。ともに両国の歴史への正確な知識などが薄いとしても、後者の層が今後の両国関係を新たにつなぎ直していく可能性は秘めているのかもしれません。

ただ、日韓関係の悪化を煽る政治やメディアの影響が今後、そうした文化的な潮流に悪影響を及ぼしていく可能性も否定できない。安田さんがおっしゃるように、注意深く見ていく必要はあるんでしょうね。

第三章　恫喝と狡猾の政治が生む嫌な空気

「法治」ではなく「人治」

青木　僕も政治記者ではありませんし、永田町取材などという仕事にはできるだけ関わりたくないと思ってきましたから、菅義偉なる為政者がどのような人物かを直接は知らないのですが、先日たまたま元総務官僚の平嶋彰英さんに長時間インタビューする機会がありましてね。菅義偉政権の体質というか、本性が垣間見えるような話を聞いたばかりなんです（『時代の異端者たち』河出書房新社、二〇二一年所収）。

平嶋さんはかつて総務省の自治税務局長を務め、ふるさと納税制度を統括する立場でした。ご存知のように、ふるさと納税制度は菅首相肝煎りの政策ですが、官房長官当時の意向で進められた制度の大幅拡充案に平嶋さんたちは強い異議を唱えたそうです。

なぜかといえば、ふるさと納税制度は税のありようを根本的に歪めかねないうえ、高所得者ほど得をするカタログショッピング化するのは目に見えていたからだと。まして二〇一四年当時は消費税の増税論議が進められている最中でしたから、逆進性が強い消費増税対策として総務省などは低所得者支援をどうするか頭を悩ませていた。なのに高所得者ほど得するような制度を野放図に拡充するのはおかしいと、自治税務局長の平嶋さんら総務省の現場は懸命に抵抗を試みた。

実際、菅官房長官の意向どおりに制度が拡充されると、平嶋さんたちが懸念した弊害は現実のものとなります。全国各地の自治体が高額商品や金券などを返礼品に掲げる返礼品合戦を繰り広げ、一部の自治体は高額品や貴金属、電子マネーを返礼品にしたり、果ては「一〇〇〇万円の寄付」に「眺望抜群の宅地」を返礼品にするとアピールしはじめる自治体まで出る始末。

なかでもＡｍａｚｏｎギフト券を返礼品に巨額寄付を集めた大阪・泉佐野市のケースは大きな社会問題に発展しましたね。しかも、後づけの理屈でこれを押さえつけようとした国と泉佐野市が訴訟争いを繰り広げ、国側が敗訴するという無惨な事態にまで至ってしまったわけです。

つまり平嶋さんたちの諫言(かんげん)はまさに適確で適切だったわけです。なのに菅官房長官は真摯な諫言にいっさい耳を傾けず、平嶋さんたちが必死に考えた歯止め案などもすべて蹴飛ばした。そうして万策尽き、やむなく指示に従った平嶋さんを、菅官房長官は冷酷に左遷したんです。

そうしたことへの憤りもあったでしょうが、平嶋さんの菅評はかなり辛辣でした。「とにかく極端な人」だと。過去に仕えた政治家のなかでも最悪で、「乱暴なことばかり言って、乱暴なことでも言い出したら聞かなくて、気に入らないと人事権を振るう」と。

そのうえで平嶋さんはこんなふうに指摘していました。

「要は人事権を持っている人間が一番強く、これでは『法治』ではなく『人治』です」

たしかにそのとおりで、振り返ってみれば、これは安倍時代から一貫している政権の特質です。一章で触れたとおり、首相の安倍を官房長官の菅が支えた長期政権は、権力行使への畏れや謙抑感が極度に薄く、内閣法制局長官や日銀総裁、さらにはＮＨＫの会長や経営委員などに至るまで、歴代の政権がかろうじて自制してきた禁断の人事権を放埒に行使し、自らのお気に入りやお友だちばかりを据えてきた。

また、新設した内閣人事局を通じて幹部官僚の人事を牛耳り、意に沿わない官僚には容赦なく冷や飯を食わせ、お追従ですり寄ってくるヒラメ官僚を重用し、とくにお気に入りは官邸官僚として周囲にはべらせて絶大な権限を与えた。

結果としてどうなったかといえば、霞が関には忖度と萎縮とゴマスリが蔓延し、引き起こされたのは不祥事の山です。前政権期から各省庁で続発した信じ難いほどの不祥事を振り返れば、財務省の公文書改竄はもちろんのこと、防衛省の日報隠蔽にしても厚労省の統計不正などにしても、すべては政権中枢の無茶な指示や大言壮語に現場官僚が右往左往し、辻褄合わせのために引き起こされたものばかりでしょう。

その行きつく果てが検察トップ人事への露骨な介入であり、日本学術会議の任命拒否だったこともすでに指摘しました。このうち検察トップ人事への介入に関しては、無惨なコロナ対応などで政権支持率が急落していたことに加えて世論も猛反発し、政権のお気に入りだった当の検事長も賭け麻雀問題で自らズッコケたから頓挫しましたが、これに懲りずに学術会議の任命拒否などという挙に出た。

検察トップ人事への介入にせよ、学術会議の任命拒否にせよ、主導したのは菅義偉でしょう。面倒な官僚人事などを丸投げしてきた安倍の責任はもちろん重大ですが、「法治」ではなく「人治」というような状況をつくった実行者が菅だった。

権力行使を快感と思う変態性

青木　平嶋さんの話にはほかにも興味深いものがあって、菅が総務副大臣になった直後、上司と一緒に菅と食事をしたことがあったそうです。そのときの菅の第一声が「役人を動かすのは人事だと思ってるからな、俺は」だったと。

平嶋さんは唖然としたそうですが、ある意味で菅はそれを実践してきた。総務相時代も意に沿わぬ総務官僚を更迭し、自著でそれを自慢話として記している。異論を唱える官僚はおろか、鐘や太鼓を叩いて囃し立てなかった官僚の首まで飛ばす。

政治主導はもちろん否定しないにせよ、さまざまな分野の専門的知見やデータを蓄積した官僚機構は、時の政権の意向と異なる知見やデータであってもきちんと提示し、それを踏まえたうえで右に行くか左に行くかを決するのが本来の政治主導であって、そこには当然、政治としての重い結果責任も伴う。

しかし、安倍・菅政権は専門的知見やデータに基づいて諫言する官僚を冷遇し、忖度やゴマスリで行政を歪める者たちを重用し、しかも問題が起きた際の責任はすべて現場官僚に押しつけるのだからたまったものじゃありません。真摯に諫言した官僚の一人である平嶋さんに菅が最後に発した台詞は「逃げ切りは許さんぞ」だったそうです。

僕はあえて平嶋さんに訊いたんです。そうはいっても菅は安倍のようなボンボン世襲政治家ではなく、久々となる叩きあげの有力政治家なのだから、現場の苦悩もわかるのではないかと。たとえば、同じ叩きあげで官房長官として辣腕を振るい、官僚にも睨みをきかせた野中広務あたりと共通点がないのかと。

しかし、平嶋さんは即座に「それは野中先生に失礼です」と全否定しました。「野中さんは被差別部落に出自を持ち、虐げられている人びとの苦悩をよくご存知でした」と。野中と菅は「ぜんぜん違う」と。

その菅義偉という政治家の本性について、官房長官時代の番記者だった毎日新聞の秋山信一記者が少し前、『菅義偉とメディア』(毎日新聞出版、二〇二〇年)という本で興味深いエピソードを記していましたよね。官房長官としての在職日数記録が話題になった際、「権力の重み」について記者に問われた菅が「快感」と漏らし、秋山記者が「快感ですか?」と尋ねると「重みと感じるか、快感と思えるかどうか」とつぶやいたらしい。

一人の人間の人生を潰しかねない人事権を放埓に振るい、そのことへの痛みとか恐れを抱くよりむしろ快感を覚えるという冷酷さ。作家の辺見庸さんが菅の顔を「特高顔」と評して(「毎日新聞」二〇二〇年一〇月二八日付夕刊)一部で話題になっていましたが、これも菅義偉という為政者の本質を突いているのかもしれません。権力を振るうことで人を屈服させ、恐れさせることに快感を覚える卑小な治安官憲的体質。

考えてみると、ヘイト言説をがなる連中の心性とどこか通底するところがある気もします。権力に翻弄される者の立場を慮(おもんぱか)ったり、弱い立場の者への想像力を働かせるより、そうした者たちをさらに痛めつける罵声を浴びせて薄っぺらな快感にひたっている排外主義者たちの心性。それは安酒を食らった際の悪酔いにも似ているとだれかが指摘していて、僕もまったくそのとおりだと思いましたけれど。

日本軍に殺された日本人

安田　たしかに「快感」というキーワードは、僕が取材してきたヘイターに共通するものでした。それについては後述しますが、青木さんの話を聞いていて野中の名前が出たのでまずはそこに言及しようと思います。野中が亡くなる半年くらい前（二〇一七年）、僕は野中に会いに行っているんです（安田浩一ウェブマガジン・ノンフィクションの筆圧「野中広務の『沖縄への思い』とは何であったか」二〇一八年一月二六日）。ぎりぎりインタビューできる状態だったんですよ。

青木　京都で会ったんですか。

安田　そう。京都の駅前にある事務所に行って、体調が悪そうだったけれど、なんとか話すことができる状況でした。

僕がその前に野中を取材したのは九九年で、だから本当に久しぶりだったんです。当時、野中は自民党幹事長代理でした。この年は僕の数少ない永田町取材経験のなかでもエポックと言える年でした。いわゆる九九年国会で、盗聴法と住民基本台帳法改正と日の丸・君が代法、これを一気に自民党が成立させた。当時は自自公政権だったんですよね。あのとき幹事長代理だった野中はひたすら怖い切れ者というイメージで、希代の寝業師なんていう言い方もされていました。たとえば「報道ステーション」の前身の「ニュースステーション」の広告スポンサーに圧力をかけたり、僕からするとかなりひどいことをやっていた。

その怖さを記憶しているので、恐る恐る行ったんですが、そのとき、つまり亡くなる少し前に会った野中はかつての僕の印象とはまったく別の人で、彼の口から漏れたのは、当時の安倍政権への批判だったんです。いかに自民党が変質したかということに、亡くなる半年くらい前の野中は言及していた。

なぜ野中が安倍政権を批判したかといえば、一つは戦争の問題でした。戦争を知っているかどうかという話のなかから、野中が語ったのは沖縄のことだった。野中はもともと沖縄とは古くから縁がありました。京都で地方議員をやっているときに、京都関係者の沖縄戦没者の慰霊碑「京都の塔」を建てるために初めて那覇に行ったのが一九六二年です。「嘉数（かかず）の丘」という普天間飛行場を見下ろす丘があるんですけれども、そこまで那覇のホテルからタクシーで行ったそうなんですよ。

タクシーに乗って嘉数の丘に近づいたところに、運転手が急に車を停めたんですって。「どうしたんだ」と訊いたら、「ここで私の妹が死んだんです」と返ってきた。野中が「そうか。じゃあここでお祈りしなくちゃいけないな」と手を合わせて、運転手に、「米軍の攻撃がひどかったからな。君の妹も不幸だった」と言ったそうです。すると運転手が「いや。殺したのは米軍じゃなくて日本軍です」と答えた。野中はそのときにあらためて沖縄戦の構図を振り返った。殺したのは米軍ではなく日本軍だということがずっと心に引っかかってい て、それ以降自分は沖縄と深く関わるようになったと言う。

排外主義の根本にある快感

安田　おそらく彼のなかではそれが特別な記憶となって自分自身を美化している部分もあるかもしれないし、彼が関った沖縄政策を僕は必ずしも良いものだとは思っていないけれど、しかし少なくとも戦争を知らない、あるいは沖縄に無関心を通す現政権の人たちと比べると、野中の言葉には深みと温かみがあった。またその行動にも情と熱をある程度感じるわけですよ。

そうした人間が官房長官をやっていた。沖縄に対して特別な思いを持つ政治家が政権中枢にいることが成立していた時代でもあったのだという気がしました。

菅にはそうした熱をまったく感じないし、あるとすれば恫喝と狡猾だけであって、その二つに支えられている菅を首相に戴く時代なのだと、いま青木さんの話を聞きながら思わざるを得ない。

青木　恫喝と狡猾だけ、というのは言い得て妙かもしれません。安倍晋三のように妙な国家観を持たれるのも困りものですが、少なくとも菅にはその気配が薄い。ただ、国家観はおろか歴史観すら希薄なのに権力は放埓に行使するから恫喝と狡猾の臭いだけが際立つ。しかもそれに快感を覚えるというならゾッとする話です。

安田　快感というキーワードは、まさにいまの権力者が持つものであり、それだけでなく、社会全体の気分として、それを抱いた人びとが危うい方向にこの国を導いているような気がしてなりません。一言だけいえば、僕が取材した嫌韓とか反韓を叫んでいる人びと、あるいは路上で外国人に「出て行け」と大声で叫んでいる人びとに、なぜこんなことをするのか、なぜこういうデモをするのかと尋ねたとき、「気持ちいいから」という答えも返ってきた。僕はそうだろうなと思いました。

楽しいし気持ちいいし、皆がそうだとは思わないけれど、娯楽のように成立してしまっている醜悪さみたいなものがある。その醜悪さが、政権の醜悪さと妙にシンクロするんです。

青木　同感です。ところで野中広務の話をもう少し続ければ、じつは僕も野中には長時間インタビューしたことがありましてね。やはり京都の事務所で会い、安田さんと似た印象を抱きました。

たしかに野中も政治家としては恫喝や圧力をしばしば駆使し、時には狡猾に振る舞ってきたでしょう。メディアに陰湿な圧力をかけてきたのも実際に見聞きしましたから、野中という政治家を全肯定など僕もしませんが、しかし根っこの部分には自らの出自などに由来する弱者への配慮があり、なによりも戦争を体験した者としてあの戦争への憤りと反戦へのこだわりを抱いていた。そういう真っ当な国家観や歴史観が土台にあり、恫喝と狡猾だけの政治家とは明らかに違った。

だから僕のインタビューでも安倍政権のありようへの懸念を盛んに口にし、そして沖縄への強い想いも熱心に語っていました。皮肉を込めて言えば、岸信介あたりから知性や智力をすべて削ぎ落としたのが安倍晋三であり、野中広務あたりから弱者への視線などを削ぎ落としたのが菅義偉なのかもしれません。しかも両者とも真っ当な歴史観すら欠落している。

後藤田正晴の自責

青木　沖縄について言えば、政治家としてはやはり翁長雄志が僕の記憶に強く残っています。亡くなる三年ほど前に会って長時間インタビューし、今度出した対談集（前掲『時代の異端者たち』）でも巻頭に収録しましたが、彼こそが戦後日本の良質な保守政治家の生き残りだったんじゃないかと僕は思うんです。

ご存知のとおり、翁長さんは那覇市長を長く務め、自民党沖縄県連の幹事長なども歴任した生粋の保守政治家です。名護市辺野古への米軍基地建設を承認した仲井眞弘多元知事の選対本部長に就いていたこともある。ところが二〇一四年の知事選では辺野古への基地建設反対を掲げて出馬し、現職だった仲井眞知事を破って当選を果たした。翁長さんの存在がなければ、保守から革新までが一丸となるオール沖縄体制は実現しなかったでしょう。

だから多くの人は翁長さんの政治的な立ち位置が変わったと受け止めた。正直に言えば、僕も漠然とそう考えていました。しかし、翁長さんの考えはどうやら違った。変わったのは自分ではなく、むしろ本土の政治、特に自民党政治が大きく変質してしまったんだととらえているようでした。

どういうことかというと、沖縄に過重な米軍基地負担を押しつけてきた構図はいまも昔も基本的に変わりませんよね。戦後一貫してそうだったけれど、かつての自民党政治は沖縄に過重な負担を押しつけていることへの自責の念をかろうじて抱いていた。とくに戦争体験世代は、沖縄が強いられた凄惨な歴史への知識と贖罪（しょくざい）意識をそれなりに共有していた。

そういう政治家の名を翁長さんは幾人も口にしました。野中もその一人です。まだ若手県議時代の翁長さんに対し、野中は米軍基地問題について「すまん、翁長君。申し訳ないが、よろしく頼む」と言って深々と頭を下げたそうです。ほかにも山中貞則や後藤田正晴といった政治家とのエピソードを懐かしそうに話してくれました。

このうち後藤田には、最晩年に会う機会があったそうです。当初は一五分ぐらいの予定だったけれど、後藤田は一時間以上を割いて翁長さんの話を聞き、ふと「オラはな、沖縄には行かんことにしてるんだ」と漏らした。翁長さんは驚き、沖縄で何か失礼なことでもあったのかと心配になって尋ねたら、後藤田は「沖縄県民に申し訳なくてな。顔を見きれないんだよ」と語ったそうです。

後藤田は内務官僚だったし、従軍経験もありますからね。先の大戦中の沖縄の惨劇や戦後の基地問題、そういったものを知悉（ちしつ）し、少なくとも強烈な自責の念は抱いていた。ほかにも梶山静六や小渕恵三、あるいは橋本龍太郎あたりまでは、多少の温度差はあっても同様の認識と歴史観を持っていたでしょう。

しかし最近は違う。安倍・菅政権の下、自民党自体も変わってしまった。ここでも翁長さんはいくつか具体例を挙げました。まずは第一次安倍政権下の二〇〇七年に起きた高校生用の歴史教科書問題です。沖縄戦における集団自決の記述から軍の強制性を削除する動きに沖縄の怒りが爆発し、大規模な県民集会などが開かれた。翁長さんも衝撃だったらしく、「初めて私は保守の政治家として反対運動の先頭に立った」と語っていました。

もう一つが例の「主権回復の日」です。こちらは第二次安倍政権下の二〇一三年四月二八日、沖縄にとっては「屈辱の日」であるサンフランシスコ講和条約発効の日に記念式典を開いて万歳三唱した。沖縄の歴史や心情を知っていてやったなら論外の暴挙だし、知らなかったなら恐るべき無知です。かつての自民党ならばこんな愚行はあり得なかったでしょう。

いずれも安倍政権下で起きたこの二つの出来事が翁長さんにとっては大きな転機になったそうです。そしてもう一つ、これは安田さんが継続して取材してきたテーマに関わると思いますが、東京で開かれたオスプレイ配備反対かなにかの集会に参加したあと、銀座でデモをやった際の出来事も大きかったようですね。ヘイト団体の連中が現れて翁長さんたちに薄汚い罵声を浴びせたと。

無関心な政治風土

安田　二〇一三年一月ですね。

青木　翁長さんが言うには、ヘイト団体もひどかったけれど、街行く人びとがそれに無関心だったのもショックだったとか。

安田　僕はその場にいたんです。いわゆる建白書デモがおこなわれた日です。オスプレイ配備反対の建白書を官邸に持っていくために、沖縄選出の国会議員をはじめ沖縄から陳情団が来て、日比谷公園で集会をし、そして銀座をデモ行進して、沖縄へのオスプレイ配備反対を呼びかけました。

先頭に立っていたのが当時那覇市長だった翁長さん。沖縄の市議と県議がそこに続いた。要するに党派を超えた沖縄の人たちが集まってデモをやったんだけど、ちょうど銀座四丁目の交差点にさしかかったときに、沿道に在特会や関係団体のレイシストが集まって、「国に帰れ」とか、どこに帰ればいいんだよって話だけど、「中国の工作員」「ゴキブリ」「ウジムシ」「売国奴」、そうした言葉を投げつけた。

僕はこれはひでえなと思って、記事を一回書いているんです。「あの風景を見て翁長さんが腹を固めた」と。沖縄県の地元紙も、そういうニュアンスで伝えていたので、あの体験から翁長さんは辺野古新基地に関しても反対の姿勢を明確にしたと書いた。しかし、結果的にそれは正確ではなかった。

青木さんがくわしく知っておられるとおり、翁長さんはあの風景に憤って腹を固めたわけではなかった。後になって彼が会見で言ったんだけど、腹が立ったのは事実だ、と。でも「沿道で帰れとかゴキブリとかウジムシとか言ってる連中に腹が立ったわけではなくて、私が本当に腹が立ったのは、あの日あの場所で何事もなかったように通り過ぎていく東京の人びとを見たときだ」と言ったわけです。同じ日本人という枠組みでありながら、死ね、ゴキブリと言われた。でも東京の人びとは無関心でしたよね、と。

あの夕方の時間帯、買い物に行ったり、お茶を飲みに行ったり、お酒を飲みに行ったり、食事をしたりデートしていたり、会社の帰りだったり、たくさんの人がいたわけだけど、みんな知らんぷりだった。だれも沖縄県民の訴えに関心を示さない。そのことに猛烈に腹が立ったということを後に話していて、そうか、僕が書いた記事は誤りだったんだなと痛切に思った記憶があります。あの風景はたぶん翁長さんにとって大きな出来事だったんじゃないかという気がします。

青木　ええ。そんな話もおっしゃってました。いずれにせよ変わったのは沖縄や翁長さんの側ではなく、本土の自民党であり、本土の保守政治であり、それを取り巻く本土の政治風景が大きく変質してしまったということです。

負担をすべて周縁部に押しつけ、賢しらに生きる

青木　ここからは僕の受けとめになるのですが、だから翁長さんは、もちろん沖縄県知事として米軍基地負担の軽減や辺野古新基地建設の阻止を最優先に据えつつ、ひょっとして自身こそが戦後自民党の良質保守を知る者だと考え、変質した本土の自民党や保守政治に正気を取り戻させるために闘っていたのではないか、と思うんです。

というのも、インタビューが終わったあとの雑談の際、僕はこんなふうに尋ねたんです。僕のような本土の記者が沖縄の気持ちに寄り添うようなことを言いながら政権批判しているのをどう思いますかと。それも沖縄から見れば偽善的であって、沖縄を踏み台に利用しているように感じられませんかと。

その問いを翁長さんは一笑して否定し、そんなことは気にせず沖縄の闘いをぜひ支援して

ほしい、という趣旨のことを言いました。むしろ辺野古の基地建設問題には日本政治の歪みが凝縮されていて、この問題をテコにして日本政治の現状を変えていきたいと思うからぜひ協力してほしいと。

翁長さんも老練の政治家ですからインタビュアーへのリップサービスだったのかもしれないし、記者である僕が沖縄県知事に協力したり支援したりすることもあり得ないんだけれど、単に沖縄の知事としてだけではなく、保守政治家としてもっと広く長い視野から日本政治に真っ当な歴史観や寛容さを取り戻そうとしていた印象を僕は強く受けたんです。

すっかり変質して夜郎自大化した日本政治を考える際、この周縁からの視座はとても大事だと思います。沖縄に加えて朝鮮半島で取材してきた僕の体験から敷衍すれば、先の大戦の後にヨーロッパでは敗戦国のドイツが分断されました。それでも半世紀におよぶ苦悩の末に再統一を果たし、周辺国ともそれなりの和解と信頼関係を築きあげている。

ところがアジアでは敗戦国日本の統治から解放された朝鮮半島が分断され、いまなお統一が果たされずに南北が厳しく対峙している。南半分の韓国は多くの犠牲をはらって民主化と経済成長を成し遂げたけれど、首都ソウルなどにも広大な米軍基地を抱え、沖縄と同様に米兵がらみの事件や環境汚染などがたびたび政治問題化してきました。沖縄に基地の大半を押しつけてきた日本とは対照的です。

そして戦後日本が謳歌した高度経済成長の、最初の跳躍台になったのは朝鮮戦争（一九五〇~五三年）です。同じ民族同士が争って数百万人の犠牲を生み、半島を焦土にした戦乱が戦後日本の繁栄の起点になっている。これは僕があちこちで書いたり喋ったりしたことですが、結局のところ戦後の日本は分断や基地といった負担をすべて周縁部に押しつけ、口では日米関係が安保の要だなどと賢しげに語りつつ、押しつけた負担の果実のみをひたすら貪り食ってきたのではないか。

それでもかつての保守政治はそうした現実や歴史に多少は自覚的だったけれど、安倍や菅といった為政者が率いる政治はまったく違う。周縁部に負担や痛みを押しつけてきた自覚もなく、そうした歴史的事実への知識や自省すらどうやら失っている。そんな政権が排他や不寛容の風潮を煽り、朝鮮半島や沖縄にヘイト的な悪罵を投げつける現状に、僕は心底からうんざりするんです。

政権周辺によるデマの拡散

安田　琉球新報の東京駐在記者が沖縄に戻るというので飯食って話を聞きました。彼は菅の官房長官時代の会見に出て沖縄についての質問を何度もしてるんだけど、見事なまでに何も答えてくれず、典型的な官僚答弁だったと話していました。気になったのは、彼の質問に菅がまともに答えないだけでなく、他紙の記者も同様に何の反応もないということです。菅への質問を引き継いだり、拾ったりする記者はほとんどいなかった。「やっぱりアウェーですわな、沖縄紙は」みたいな話を彼はしていました。彼は何度か東京駐在になっているんですが、彼にとっては安倍政権がいちばん沖縄紙に冷淡だったといいます。ジャーナリズムの現場でも、沖縄を孤立させる構造ができてしまった。

沖縄に関するデマがこれほど広まったのは、やはり安倍政権になってからですよね。それまでも沖縄に関しては、基地で飯を食ってるんだろうみたいな悪質な物言いが昔からあったけれど、沖縄に対してここまで偏った意図的なデマが広がったのは、安倍政権下だと思う。

僕も本に書きましたが、二〇一五年、自民党本部で行われた文化芸術懇話会に百田尚樹を呼んで「沖縄の二つの新聞社は絶対につぶさなあかん」という発言があったのも安倍政権下。あれは安倍の子飼いの若手議員たちによる会合で、その第一回のゲストが百田だったというのは、まさに安倍政権の体温を見事に表していましたし、そこで「沖縄の二つの新聞社は絶対につぶさなあかん」という発言が出たのも、ある種の必然だったのかもしれない。

それ以降、たとえば「沖縄は基地で飯を食っている」「基地に依存している」という言い方だけでなく、「沖縄は中国が支配している」とか、「沖縄はさまざまな外国勢力によって動かされている」、あるいは「基地建設に反対する運動には日当が出ている」、そういったデマが、沖縄への理解がまるでないネトウヨが発しているというよりも、それに燃料を与え続けてきたのは政権や政権に近い議員たちで、そうしたデマによって沖縄がものすごく貶(おとし)められていく。

この間、僕はある同業者と議論になったんだけれども、「沖縄に毎年三〇〇〇億も渡してるのに何やってんだよ」などと言う。メディアの人間がそうしたことを平気で口にする。メディアにもわかっていない人間がいるんだなと思ったのは、三〇〇〇億というのは沖縄関連予算と呼ばれているもので、保守系の人からは振興予算という言い方をされているけれども、あれはたんに税金の配分の仕方が沖縄だけ違うというだけの話なわけです。各都道府県が各省庁から予算を獲得しているのと違って、沖縄だけは一括配分されているということであって、三〇〇〇億というのは他都道府県と比べて極端に高いわけではない。それ以上の予算が注がれた都道府県もあるわけです。けれども沖縄だけが三〇〇〇億を余計に貰っているようなデマが広がっている。

弱者の痛みに寄り添う

安田　そこで思い出すのですが、さきほど青木さんから名前が出た山中貞則です。山中は初代沖縄開発庁長官です。彼はなぜ沖縄だけ特別な枠組みで沖縄振興予算というかたちで予算配分するのかということについて、一九七一年の国会答弁では「償いの心」と言っている。つまり沖縄は（一九七二年までは）アメリカの施政下にあって、日本国憲法も及ばなければ、高度経済成長もなかった。しかも戦時中に途轍もなく苦しい思いを強いられたのだから、それに対しては「償いの心」で応えなければいけないということを、山中初代沖縄開発庁長官が言い、以来沖縄をめぐる予算の枠組みが決まったわけですよね。

この流れがいま、自民党内はおろかメディアでもほとんど無視されている、というか知られていない。そこが沖縄がネグレクトされている大きな原因かなと思います。

それから、弱者の痛みがわかる自民党の政治家ということで言えば、僕が野中の少し前に取材したのが古賀誠です（安田浩一ウェブマガジン「失われゆく『保守』沖縄差別に見る自民党の凋残」二〇一七年七月一一日）。古賀誠って毀誉褒貶相半ばする評価があるし、ダーティな部分も持ち合わせた人だと思うけど、たんにダーティではなくて、明確なハトだと思うんですね。僕はクリーンなタカよりダーティなハトが好きなんだけど、古賀誠は毎年欠かさず六月二三日の慰霊の日に沖縄に足を運んでいます。もう二十何年も続けている、と言っていた。

「なんで毎年沖縄に行くんですか？」と訊いたら、古賀誠が「いや、怖いから」と答えたんです。僕はその意味がよくわからなくて、もう一度訊き直したんです。でもやはり、「怖いから」と繰り返す。

よくよく尋ねてみると、沖縄が怖いという意味じゃなくて、「忘れそうになる自分が怖い」と言うんです。これは政治家らしい表現かもしれないけれど、しかしやはり本音だなと思ったんですよね。自分も年を取ってきて、いまの自民党を見ていると、だれも沖縄戦のことを知らない。沖縄のことを語ろうとしない。自分ももしかしたら忘れてしまうかもしれない。だからそれが怖くて、六月二三日にとりあえず沖縄に行くということを自分に義務づけている。

彼は父親をレイテ沖海戦で亡くしているんですよね。自分の肉親も戦争で死んでいるという思いがあるので、彼は日本遺族会の会長までやった政治家だけれども、戦中派としての戦争に対する特別な思いがあるわけですよ。戦争を忘れてしまう自分が怖いから、六月二三日の沖縄通いを続けているというところに、いまの政治家には見られない彼の信念のようなものが見えた気がしました。

古賀誠が沖縄に対して何か格別のことをやったわけではないだろうけれど、しかしそうした思いを持ち続けてきた政治家と、そうした思いといっさい断絶している政治家による政権は、自民党と言ってもまったく別種の存在ではないか。この差異は、日本だけでなく、アジアをはじめとする国々やそこで生きる人びとに、大きな影響、大きな失望を与えるんじゃないかなと思いました。

能天気で脇が甘い権力者

青木 やっぱり安田さんと僕はどこか通じるものがあるんだなと思いました。というのも、僕も古賀誠に最近何度か話を聞いたんです（対談の一部は『時代の抵抗者たち』所収）。直接取材するテーマは違うのに、物事を眺める角度が似ているのか、お互いに数少ない政界取材なのに同じ対象に接触している。ダーティなハトという指摘にも頷きます。

おっしゃるように古賀は父親がレイテで戦死していて、反戦への想いはことさら強く、近年は「憲法九条は世界遺産だ」とまで公言しています。一方で日本遺族会の会長などを歴任して靖国参拝にこだわるという、かつての自民党政治家の多様さと複雑さを象徴するような人物でもあります。

しかも古賀の出身地の選挙地盤は福岡県でも在日コリアンが多く暮らす地域です。インタビューでは僕もいろいろ面白い話を聞かせてもらいましたが、とくに興味深かったのは彼なりの権力論でした。それに基づいて彼は森友学園や加計学園問題を強く批判し、安倍晋三は本質的に権力の怖さというものがわかってないと嘆くんです。

どういうことかといえば、権力というのは魔物のようなものだと古賀は言う。だから本来は注意深く鞘の中に収め、行使する際も慎重を期さなければならないのに、安倍政権はまるでオモチャを与えられた子どものように抜き身の権力をブンブンと振り回している。

また、権力を持つ者の周辺には有象無象の思惑を持った連中が集まってくるから、権力者はくれぐれも注意深く自分の身を律し、親しい友人や支持者であっても距離を保ち、時には関係を断つぐらいの覚悟を持たなければならないと言うんですね。

というのも、古賀はそういう面で非常に苦労してきたと漏らすんです。はっきりとは言わなかったけれど、叩きあげで有力政治家にのしあがった古賀の周囲には、おそらくヤクザやアウトローを含めた有象無象の人士が集まってきたんでしょう。選挙などで熱心に支援してくれた人びととどう向き合うか、インタビューではこんなふうに打ち明けてくれました。「たしかにご恩返しはしなければいけないけれど、そこで言うなりになっては絶対にダメなんです。場合によっては徐々に関係を断ち切っていかなければならない。これに僕は非常に苦労したし、だからこそ権力というのは怖いんだ、ということを勉強させてもらいました」と。

それに比べると安倍晋三も、妻の昭恵も、あまりに能天気で脇が甘い。森友学園にせよ、加計学園もそうですが、熱心な支持者や友人に利益誘導したのではないか、というのが問題の核心です。仮に安倍本人や昭恵にそんな意図がなかったとしても、権力者の側近や官僚は勝手に忖度して動き出しかねない。それが権力の怖さというものであり、だから権力者は徹底して慎重に身を律しなければならないんだと、まさにダーティなハトによるきわめてリアルな権力論でした。

古賀と同じ福岡の政治家だと、山崎拓にも少し前に話を聞く機会がありました。山拓は以前から改憲論者ではあるけれど、近隣国との外交などでは現実的な対話や協力を重視していて、安倍政権のネトウヨ的スタンスとは大きく異なります。福岡といえば安倍・菅政権の中枢を麻生太郎も支え続けてきましたが、古賀などとは出自も政治的スタンスもまったく違って、両者が犬猿の仲なのはよく知られた話ですよね。

安田　地元ではしょっちゅう代理戦争をしてますね。

青木　ええ。そういえば山拓にインタビューしたときに彼が大笑いしながら教えてくれたんですが、麻生がはじめて選挙に出馬した際の演説の逸話が傑作でした。これ、有名な話なんでしょ？

安田　「下々の皆さん」ですね。

急速に凶悪化する現実

青木　そう。麻生がはじめての選挙で演説した際、第一声で発したのが「シモジモのみなさん、ワタクシが吉田茂の孫の麻生太郎でございます」っていう挨拶だったと。山拓はすごく馬鹿にしていたけれど、裸一貫から自力でのしあがった古賀や山拓にしてみれば、金の匙（さじ）を咥（くわ）えて生まれてきたような麻生なんて認めがたいんでしょう。

ただ、麻生の地盤である福岡の飯塚あたりに行くと、麻生グループの権勢はすさまじいですからね。セメント業から病院、学校、スーパー経営などまで幅広く手がけ、グループ企業は一〇〇を超える。その大元をたどれば戦前に炭鉱業で財を成してきたわけだから、動員された朝鮮人らの犠牲のうえに現在の権勢があるともいえる。事実、戦前・戦中に麻生系の炭鉱では朝鮮人労働者の酷使や虐待に抗して争議・暴動が起きています。

その末裔である麻生が重要閣僚として支え、岸信介の系譜を継ぐ安倍晋三が「一強」などと称される長期政権を担ってきた。しかも修正主義的な歴史観を振りかざして戦後日本の矜持を破壊したと考えれば、ある意味でこれは戦前から連綿と続く血脈支配政治の行き着く果てなのかもしれないと思ったりします。

安田　歴史が継続性を持ちながら、急速に凶悪化するという現実の前で、僕はいまさらながら、手垢がつきまくっているマルティン・ニーメラーの警句を噛み締めています。ナチス支配下の牧師だったニーメラーはこう言っています。

「ナチスが共産主義を攻撃したとき、私は自分のことが多少不安だったが、共産主義者ではなかったから何もしなかった。ついでナチスは社会主義者を攻撃した。私は前よりも不安だったが、社会主義者ではなかったから何もしなかった。ついでナチスによって学校が、新聞が、ユダヤ人が攻撃された。私はずっと不安だったが、まだ何もしなかった。ナチスはついに教会を攻撃した。私は牧師だったから行動した――しかし、それでは遅すぎた」と。

あまりにもよく知られている言葉だから引用するのは遠慮していたけど、あのときあの場所で抗議の声を上げなかった自分を意識せざるをえないニーメラーの警句が、いまの自分のなかで蘇っているんです。

青木　麻生太郎がどこまで自覚的なのか知りませんが、何年か前に憲法改正論議に関して「ナチスの手口に学んだらどうか」と言い放ち、それ以前にも「創氏改名は朝鮮人が望んだ」などという愚劣な暴言で批判を受けたこともあります。その麻生が支えて、マイノリティにヘイト言説を浴びせる連中の熱心な支持を受ける安倍が、憲政史上最長とされる政権を成し遂げてしまったことを思えば、ニーメラーの警句を嚙み締めるべきだという安田さんの指摘はもっともかもしれません。

安田　以前、議論した日本学術会議の問題にしても、ここで抗議をしなければ歴史の分岐点になってしまうという事態だと思うんですよね。戦前の天皇機関説のときも、あるいはその前の京都帝国大学の滝川事件についても、やはりあのあたりから日本の軍国主義化は進んでいくし、あるいは軍部が力を持っていくという流れになっている。

にもかかわらず、滝川事件のときにはあくまでも京大内部の問題であったし、法学部の教授が辞めるということが決着のつけ方だった。天皇機関説も美濃部を追い出すことで括弧つきの「解決」を迎えてしまった。

暴力装置としての警察官僚を重用する政権

安田　そのときから日本社会がどう変わったのかについては、後になって論じるしかないわけですよね。いまこの国がすぐに軍国主義に走るんだと言うつもりは僕にはないんだけれども、しかしそういった匂いは確実に漂っている。

繰り返すことになるけれど、学術会議の任命拒否の問題というのは、単に学問の自由を侵す憲法違反ということだけではない。学術会議は少なくとも政策提言する集団であったことは間違いありません。

一九五〇年、日本学術会議は戦争を目的とする科学研究には従わない声明を出しているし、一九五二年には破防法（破壊活動防止法）に対して廃案を求める声明を出しています。あるいは一九六七年には軍事目的のための科学研究を行わない声明を出し、つい最近の二〇一七年にもあらためて同様の声明を出すことによって、学術会議の存在意義を強調しているわけです。

青木　だからこそ日本学術会議のような存在が目障りなんでしょう。それは過去の政権もおそらく同じだったでしょうが、しかし会員の任命拒否などという掟破りの挙に出るほどの放埒性はなかった。中曽根康弘政権期に「政府が行うのは形式的任命にすぎません」と国会答弁したことを歴代政府も一応は踏襲してきた。そうした歴史との整合性を一応は踏まえたうえなのか、踏まえてすらいないのか、平然と任命拒否を強行したのも安倍・菅政権の権力行使への謙抑性の希薄さを象徴しています。

もう一点、メディアなどでもほとんど指摘されていない安倍・菅政権の特質にも触れておきたいと思います。経産（経済産業省）官僚に加えて警察官僚を異様に重用した政権のありようです。その筆頭が杉田和博官房副長官でしょう。

学術会議の任命拒否問題でも杉田の名は取り沙汰されましたね。任命時に除外すべき候補者を内閣府に伝えた公文書に「副長官から」と記されていた。その杉田の出自は警察庁です。しかもほぼ一貫して警備公安部門を歩み、その頂点たる警察庁警備局長も務めています。

ご存知のように事務担当の官房副長官は官僚トップの座に位置し、霞が関全体を睥睨（へいげい）して各省庁の総合調整などにあたりますが、戦後の歴史を振り返っても警察出身者がその職に就いたのは田中角栄内閣の後藤田正晴や川島廣守（ひろもり）にまで遡ります。また、後藤田も川島も内務官僚出身で、かなり特殊な役所である警察庁出身者が霞が関トップの座にふさわしいとは思えない。

ところが安倍政権は経産官僚とともに警察官僚を重用します。戦後の警察官僚出身者で最初に官房副長官に就いたのは漆間巖。これは麻生政権の副長官でしたが、拉致問題などで親しくなった安倍の申し送りがあったからと言われています。そして第二次安倍政権では杉田を一貫して官房副長官に据え、第三次安倍政権では新設した内閣人事局の局長まで兼務させた。学術会議の任命拒否対象も杉田が内閣府に指示したなら、内閣人事局長の権限がそこまで広がっていることの証左でしょう。

杉田だけではありません。安倍政権下では日本版ＮＳＣ（国家安全保障会議）なる機構もつくられましたが、これを支える国家安全保障局のトップには内閣情報官の北村滋が起用されました。北村も警備公安部門の要職を歴任してきた警察官僚であり、国家安全保障局は外交・防衛政策の企画立案や総合調整を担うとされている。

つまり、第二次以降の安倍政権では幹部官僚らの人事から各省庁の総合調整、そして防衛・外交政策の企画立案までを警察官僚が差配している。これは戦後はじめての事態であり、枠組みは菅政権にも引き継がれています。

なぜこれが危ういかといえば、警察組織は軍や自衛隊などと並ぶ国家の「暴力装置」だからです。三〇万人近い人員を全国津々浦々に配置し、政治がらみの汚職や選挙違反を含む各種事件の一次捜査権を担うとともに、機動隊という物理的な力も保持している。また日本の場合、警察組織の一部門である警備公安が事実上の情報機関的な役割を果たし、強力な情報収集能力まで有している。

そういう強大な権力機関だからこそ戦後の日本は警察組織の独立性を、とくに政治からの独立性を保つことを建前とし、公安委員会制度なども整えられたわけです。実態としてはもはや完全にお飾りとなってしまっていますが、警察庁は国家公安委員会が管理し、そのトップである国家公安委員長には政治家が就くけれど、他の委員は民間の有識者から選ばれて政治による警察への直接介入を防ぐ仕組みになっている。全国の都道府県警もそれぞれの都道府県の公安委員会の管理下に置かれ、知事らが警察権に直接介入できないかたちになっている。これもまた、警察という強大な権力機関がファッショの先兵となった戦前・戦中の反省に基づくものです。

変容する警察の権力構造

青木　しかし、安倍・菅政権は官邸の中枢に警備公安部門出身の警察官僚を据えて絶大な権限を与えてきました。しかも特定秘密保護法や共謀罪法、犯罪捜査のための通信傍受に関する法律（盗聴法）の大幅強化といった武器まで次々と投げ与え、警察組織の権限や権益はかつてないほど広がっている。それに伴って警察組織内の権力構造もかなり変質してきているようです。

これまでの警察機構のヒエラルキーでは、組織のトップは警察庁長官であり、首都警察の長である警視総監がナンバー2に位置づけられてきました。ただ、警察庁は現場を持っているわけではなく、警察庁長官もある意味で単なる役職にすぎませんからね。巡査からはじまって巡査部長、警部補、警部、警視……と上がっていく警察官としての階級でいうと警視総監こそがトップですから、事件捜査や治安維持を使命とする現場官庁として警視総監の地位は相当な重みを持ってきました。

ところが最近は違うらしい。警察庁長官がトップなのは変わらなくとも、警視総監の地位がかなり下がり、官邸中枢に突き刺さった警察官僚の影響力や発言力が飛躍的に高まっている。要するにこれは警察という権力機関が政治と一体化し、事件捜査や治安維持といった本来の任務よりも自らの権限拡大に重きを置くようになったことを意味します。

そうした警察と政治の一体化がいかに危ういか。最近の例を挙げれば、元文部科学事務次官の前川喜平が新宿の出会い系バーに通っていたという記事を読売新聞（二〇一七年五月二二日付朝刊）が大きく掲載しました。前川が加計学園問題で実名告発に踏み切る直前の記事でしたが、こんな情報を集められるのは警備公安警察以外になく、官邸のリークだったのは間違いない。事実、前川は次官就任時に杉田から呼び出され、出会い系バー通いの件を指摘されて驚いたと振り返っています。

じつは僕が警備公安警察の担当記者だったころにも同じような話を何度か聞きました。反共をレゾンデートル（存在意義）にしてきた警備公安警察は、中央省庁の幹部などに共産党シンパが就くのを防ぐためと称し、幹部官僚の行動確認を当時から密かに行っていた。そうして集めた情報を官房副長官の杉田が利用し、今回は政権に歯向かう告発者潰しを狙ってリークしたんでしょう。

こういうことが起きるから警察のような権力機関は政治と一定の距離を保たねばならず、政治との一体化はきわめて危険なのですが、安倍・菅政権はそんなこともお構いなしに警察官僚を重用し、官僚人事から外交、防衛までを差配させてきた。その警察官僚出身の杉田官房副長官が主導して学術会議の任命拒否が行われ、科学や学術の独立性が脅かされたというのは、これは二重、三重の意味で戦後の矜持が破壊されたといえるのではないでしょうか。

メディアなどでもあまり指摘されない点ですが、非常に重大で断じて看過できない事態だと僕は思います。

「カネ」が起点となる憎悪

安田　なるほど。官邸と警察の密通のなかで形成された新たな権力が、自分たちにとって都合の悪い者、自分たちに楯突く者、自分たちに反対の意思を表明する者を確実に叩く、拒否するという態度を公然と表したということですね。

もう一つ、これは前に話したこととも重なるけれど、僕が気になるのは、たとえばフジテレビ解説委員の平井文夫がテレビでとんでもないことを言ったわけです。「学術会議の会員になると年金二五〇万円もらえる」(「バイキングＭＯＲＥ」二〇二〇年一〇月五日放送)と。

青木　単に無知なのだろうと思いますが、いずれにせよ日本学術会議と日本学士院あたりをごっちゃにしたデマでした。

安田　そう。学術会議に任命されると学士院にそのまま入れることができて年金がもらえるみたいな話をしたわけです。まるっきり間違っているんだけれども、しかし非常に効果的だったのは「そうだよな」という賛同の声が、時代の気分としてそれなりに寄せられたということです。

そこで僕がここでも気になるのは、やはりカネの問題になると途端に世論が盛り上がるという流れです。つまり、政府が学術会議のあり方を根本的に変えると言っているのも、もっともらしい合理的な説明をする以前に、そもそも政府に批判的な提言をしたり声明を出したりする学術会議なる団体に公金が使われているということへのバッシングが、妙に国民の支持を得やすいという力学があると思うんです。

カネの問題を持ち出すとすぐに世論が沸騰する。よく考えると、カネの問題ってすごく大事だと僕が思っているのは、排他的ないまの日本社会において、差別はカネの問題からはじまっている気がするからです。ここに二一世紀型の差別と排外主義の特徴があると言ってもいい。デマとウソで塗り固められた「在日特権」なるものも、日本国籍を持たない人びとへ特別に公金が支出されている、というヨタ話が骨格となっています。

青木　たしかにそうかもしれません。ここまで僕は嫌韓の風潮を主に日本と朝鮮半島の関係史などから振り返ってきましたが、安田さんが指摘されてきたカネの問題が攻撃的世論を盛り上げる発火点になるというのは、やはり昨今の新自由主義的な経済政策によって貧困や格差が深刻化していることも関係しているのでしょうね。同時に社会保障や財政の将来が見通せず、日本の国際的な地位の低下などに伴う不安感や焦燥感も間違いなく影響している。だからこそ、安田さんのおっしゃるような上から見下しての従来型差別だけではなく、下から見上げての差別としてのヘイト言説や排外主義が横行しているということなのでしょう。カネの問題はその端的でわかりやすい発火装置になる。あいちトリエンナーレや科研費をめぐるバッシングもそうだし、知識人やエスタブリッシュメントへの不信や反発もその淵源になっている。

学術会議の任命拒否問題をめぐるデマへの賛意が広がってしまうのも、そう考えれば腑に落ちるところがないわけではありません。つまり昨今横行するヘイト言説や排外主義というものは、日本社会に巣食う病理がもたらす一種の症状にすぎないとも言えるわけで、根本的には格差や貧困の解消や不安や焦燥の原因となっている政治、社会の病根を治癒させることが必要なのでしょう。

第四章

社会を蝕む憎悪の病理

ヘイトクライムを生む確信犯的無責任と無知

剝き出しのレイシズム以上に恐いこと

安田　ちょっと長くなるかもしれませんが、最近考えていることを、青木さんに聞いてもらいたいと思います。

僕が取材でしばしば足を運んでいる神奈川県川崎市では、ヘイトスピーチ禁止条例をめぐって大きな議論がありました。条例は二〇一九年に成立したんですが、それに対して、差別を肯定したいレイシストたちが、川崎駅前でヘイト目的の街頭宣伝を繰り返して、差別に反対する人びとから激しく抗議されています。そうした現場では、警察も動員されて、ものものしい雰囲気になるのですが、衝突や激しい抗議以上に、僕の印象に残った風景があります。以前にお話しした、翁長さんが銀座でのデモのときに道行く無関心な人たちに絶望したということにも通じるんだけれど、一部の人にとって川崎駅前の光景は、たんに騒がしい人びとがぶつかっているという感じでしかないわけです。政治的な主張をすること自体が敬遠されるという空気。

最近は、抗議に参加している人びとだけでなく、現場を素通りする人びとがどのように見ているかということを取材するようになっているところがあるんですけれど、こうした人びとに話を聞いてみると、「わからない」あるいは「関心がない」という答えが多い。

一部のメディアは衝突の現場しか取り上げないので、メディア自身が周辺の空気とか時代の肌感覚みたいなものはなかなか理解できない。というか、理解していたにしても報じないんだけれども、やはり僕が恐ろしいと感じるのは、そうした周りの人びとが「単にうるさい人びと同士が争っている」と認識した上で、その場を、そしてその問題を素通りするという現実なんです。それが僕にとってはむしろ剝き出しのレイシズム以上に怖いなと思うことがあります。目の前にある差別を放置、許容することですから。ヘイトスピーチに対する無関心は、差別への加担と言ってもいいでしょう。

これも以前、話題にしたけれど、沖縄紙の記者が、官房長官時代の菅に記者会見で質問をする。沖縄のことを質問するわけですよ。そうすると、後追いの質問がぜんぜんない。沖縄のことにフォーカスして質問すると、「いまは沖縄のこと話しているわけではないんだから」という空気を肌で感じると彼は言う。「それは沖縄の問題だろ」と。

つまり「沖縄の問題」という認識によって「いまはもっと大事なことがあるんだから」という圧力を示して、彼の質問は外に置かれてしまう。その恐怖を彼は感じたと言っていたんですが、それも結局のところ、無知と無関心がこの日本社会のなかにあるんじゃないかなと思うのです。

　つまり沖縄というのは特別なものだと見なして、それは沖縄でだけ語ればいいのだ、と。

当事者意識を放棄して突き放す

安田　僕自身、少し前まで「沖縄問題」という言い方をしていたこともありました。僕は沖縄にくわしいわけでもないし、沖縄に特別な思い入れがあったわけでもないんだけれども、原稿を書くときに「沖縄問題」という表記をしていた時期がたしかにあって。そこには基地問題や日米関係やその他さまざまな問題を内包させていたつもりだったけれども、「沖縄問題」という言葉を使ったとき、沖縄の側に何か問題があるかのような認識を植えつけてしまったのではないかなという自省がその後ありました。というのは、差別・被差別の問題を僕が取材しているときに、わりとリベラルとされている人たちから、「それは在日問題だよね」というリアクションが返ってくることがけっこうありました。あるいは日韓問題だったら「それは韓国問題だよね」と。
　そこには、主体としての自分とか、主体としての日本とか、主体としての日本人という視点がないんですよ。差別・被差別の問題を「在日問題」と言ってしまえば、在日コリアンの側に何か問題があるかのようなイメージを与えかねない。沖縄に関しても同じで、「沖縄問題」と便宜上言うことはあるにせよ、その言葉には沖縄の側が問題を抱えていて、沖縄の努力、沖縄の闘い、沖縄県民の認識……もちろんそれは大事なことであるんだけれども、問題をそこに丸投げしてしまっている構造が拭いがたくある。

しかし「沖縄問題」とは、日本社会の問題でもあるわけです。常に沖縄と「本土」との関係のなかで生まれてきたものですから、僕らが僕らの問題として、つまり本土に住む人間が自分自身の問題として向き合わなければ、「沖縄問題」の解決の糸口は何ら見つけられないという気がする。そうした意味において、無関心という心性は、当事者に丸投げしてしまう危険性を導き出すんじゃないかなと思うんですね。

青木　つまり無知、あるいは無関心という装いをまとい、僕たちが主体性、当事者性を欠落させて問題の本質から目を背けてきたということですね。大切な指摘だと思います。

安田　それと、当事者性ということで言えば、以前、批評家・作家の東浩紀(あずまひろき)さんと対談したとき（現代ビジネス＠ゲンロンカフェ「ネット×愛国×未来――在特会から見る現在の日本」二〇一三年五月二二日）、彼がやたらと僕に嚙みついてきたことがありました。沖縄と在日コリアンをめぐる問題について、あるイベントで話したのですが、そのときに東さんが強く言ってきたのは、「安田さんの話はよくわかるんだけど、そういうことは安田さんが話すんじゃなくて、当事者が立ち上がって話さなきゃいけないいんだよ。在日の問題だったら、在日自身がもっと主張していかなくちゃいけないし、沖縄の問題も沖縄県民自身がもっと主張していかなくては」みたいなことです。そこに一面の理があったとしても、被害を強いられている人や、あるいは被害者の立場に近い人が、立ち上がってさらに被害を呼び込むようなことをしなければいけないのかという気が、まずするわけです。なぜ当事者が前面に出て傷つかなければいけないのか。

見て見ぬふりが深く浸透する社会

安田　東さんはこういう言い方をしました。「被害者が声を上げなければ、みんな関心を持たないじゃないか」と。たしかに被害者が被害の事実を伝えるということは大事なんだけれども、何かを変えようとするとき、あるいは社会に訴えて動かそうとするとき、被害者だけに責任を負わせ、被害者だけを当事者として前に出して、そしてメディアに属する僕たちが腕組みをして「うーん、難しい局面ですね」などと慨嘆するというだけではだめだと僕は思っています。

そのとき「お前の爪先はどっちを向いているのか」ということが、当事者でない人間にこそ問われているわけだし、いまの時代で言うならば、当事者でない人間が語ることこそ大事だと僕は思っている。当事者でない人間は、マイノリティの問題にしても沖縄の基地問題にしても、当事者じゃないからこそ自由にものを言うことができるし、それ以上に、叩かれたところで痛くも何ともないということがあります。つまり、そうした人間がきちんと発言することで社会の空気を変えていかないといけない。

そして当事者でない人間は、やはり被害と加害の構造に足を置いている以上、本質的には問題の当事者であるわけだし、その場合に、僕らはだれに向けて何を言うのか、ということが問われるはずです。

つまり、無関心を貫いている層に「あなたは当事者でもないと思っているかもしれないけど、あなた自身も僕も、この問題の当事者なんだ」ということをどのように伝えたらいいかという、その言葉を僕も探しているところです。

青木　安田さんがおっしゃる当事者性についてさらに考えてみると、僕たちは——もっと正確にいえば戦後日本の本土に暮らす僕たちは、無知や無関心の殻に閉じこもり、じつは相当に意図的、あるいは政治的に当事者性を自ら喪失させてきたのではないかとも感じます。本来は果実と表裏一体である負の部分を周縁部に押しつけ、少なくとも日常生活ではそれを見なくとも済むような仕組みを巧妙に組みあげることによって。

その悪弊はもちろんメディアにも浸透しています。これはメディアが先導してきたことによるのか、メディアなどしょせんは社会の映し鏡にすぎないということなのか、それはともかくとしても、たとえばテレビは沖縄の米軍基地問題をなぜもっと取りあげないのかという批判をしばしば耳にしますね。僕もまったく同感だし、テレビで一緒に仕事をする連中ともそのことが時おり議論になります。

いまのテレビ界で僕などと仕事をしているのはそれなりに反骨心のある連中ですから、沖縄の声や基地問題を可能ならもっと伝えたいし、メディアとしてきちんと向き合わなければいけないと考えているプロデューサーやディレクターも多い。ただ、そういう連中が常に嘆くのは視聴率。沖縄の基地問題を扱った途端、数字が下がってしまうというんです。

そんなものは制作者側の力不足であって、多くの人に観てもらえるように努力を尽くすのがお前らの仕事じゃないかと言われればその通りなんでしょうが、現実問題として沖縄の基地問題などはなかなか視聴率に結びつかず、むしろ露骨に下がってしまう傾向が事実としてあるんです。

他方、たとえば韓国の政界や財閥の醜聞、事件、事故などは最近、ワイドショーなども盛んに取りあげますね。少し前だと政権が指名した法務部長官（法相）をめぐるスキャンダルとか、韓国財閥の御曹司や令嬢のすったもんだなどが面白おかしく、微に入り細を穿って連日のように取りあげられました。僕はうんざりしていたけれど、これがなぜかといえばやはり視聴率。テレビを観る者たちのウケがいい。

加害者性から目を背ける

青木 とくに近年のテレビ界は分刻みの視聴率がグラフ化され、番組終了の数時間後にはスマホで確認できる仕組みまで整っています。極端なことを言えば、前番組の数字を眺めながら後の番組づくりが行われるようなことも起こりうる。だからワイドショーは各局とも似たような話題ばかり扱い、同じネタを同時集中的に消費する状況になってしまう。

では、沖縄の米軍基地問題を扱うと視聴率が露骨に下がってしまうのに、韓国政治の混乱や財閥のスキャンダルだと視聴率が取れるのはなぜか。

隣国の政治や社会に多くの人が興味を持つのは悪いことじゃない、といった皮肉を口にしてやり過ごすこともできるし、制作者の努力不足という批判は甘んじて受けるしかありませんが、知人のテレビ制作者らの分析などを踏まえると理由はそれだけじゃない。

おそらく隣国の政治の混乱やスキャンダルはどこまでも他人事であり、面白おかしいエンターテインメントとして消費できるからではないのか。

加えて言うなら、背後にはこの対談で指摘してきた嫌韓の風潮も間違いなく横たわっている。ヘイトスピーチを堂々とがなる連中などは少数派だとしても、かなり広範な人びとの間に嫌韓意識がうっすらと、しかし確実に積もってしまっていて、日本に厳しい眼を向けてくる隣国政治の混乱やスキャンダルを上から目線で眺めて溜飲を下げている。そこまで醜い心性ではなくとも、他人事なら韓流ドラマを楽しむような気分で眺めていられる。

しかし、沖縄の米軍基地問題は違います。愚かな偏見に凝り固まった連中は例外にせよ、少し真っ当な頭で考えれば自分たちが当事者だということに気づいてしまう。いや、当事者であるどころか、本土に暮らす自分たちこそが沖縄に過重な基地負担を強いている主体であり、加害者であることに気づかされてしまう。だから眼を背けたくなってリモコンのチャンネルを替えてしまうのではないか。

そんな話を聞かせてくれたのは知人のテレビディレクターですが、かなり正鵠(せいこく)を射た分析なのではないかと僕も感じます。過重な基地負担に喘ぎながらその軽減を懸命に訴え、新たな基地建設に反対の意思を繰り返し示す沖縄。その声に真正面から向き合えば、自己の当事者性と加害者性に気づかされ、米軍基地や日米関係のありようを根本から考えなければならなくなってくる。

だから安田さんがおっしゃったように、僕たちこそがまさに当事者なんですよ。少しまともに考えれば他人事として眺めてなどいられず、あまりにも重い課題に直面してしまうから眼をそらし、無知と無関心の殻に閉じこもる。そのほうが楽ですからね。

ただ、それが戦後日本の底流に一貫して築かれてきた構造ではなかったかと思うんです。繰り返しになりますが、戦後日本の本土で暮らしてきた僕たちは、日米関係こそが安保政策の要だと賢しげに語りつつ、最大の負の側面ともいうべき米軍基地の大半を沖縄に押しつけ、果実のみをむさぼり食ってきた。歴史の視野をもっと広げれば、韓国や朝鮮半島の現状だって決して他人事ではありません。ヨーロッパでは敗戦国ドイツが分断されたのに、アジアでは朝鮮半島が分断され、敗戦国日本がそれを免れた。

これもポツダム宣言を受け入れたタイミングなどによる歴史の偶然に過ぎないわけでしょう。もう少し早く敗戦を受け入れていれば朝鮮半島が分断されることはなかったかもしれないし、逆に受け入れがもっと遅れていれば日本が分断されてもおかしくなかった。実際に戦勝国は日本の分割統治案をつくっていたし、先日（二〇二一年一月一二日）亡くなった半藤一利さんが僕との対談の際におっしゃってましたが、もし日本が無茶な本土決戦などを継続してたら「東京にベルリンのように壁ができた可能性もある」（半藤一利『世界史のなかの昭和史』平凡社ライブラリー、二〇二〇年所収）と。

つまり、朝鮮半島が分断されたのは主に冷戦体制の産物ではあったけれど、かつて半島を統治した日本もその責任から逃れ得ない。言うまでもなく、在日コリアンだってその歴史があるから多くがいまも日本で暮らしているわけです。

僕が断じて好まない言い方をあえて使えば、日本はかつての〝宗主国〟であり、美しい国だとか品格ある国家だというなら、かつて統治した地の分断解消に向けて責任を持ち、せめて努力を尽くすべきです。なのに歴史を忘れて無知や無関心の殻に閉じこもり、まるで他人事のように隣国や在日コリアンに薄汚い罵声を平然と浴びせる。その対象が近年、沖縄にまで広がっている。そこに美しさも品格の欠片もありません。

最低限の礼節すら失った日本の支配層

青木　したがって問題の鍵は、やはり安田さんの言う当事者性です。沖縄に米軍基地を集中させてきた日本と異なり、韓国はソウルなどにも広大な米軍基地を抱えてきたことも前に触れました。だから首都周辺でも米兵がらみの悲惨な事件や事故が繰り返され、そのたびに反米集会や反基地集会が大きなうねりのように開かれてきたと。

忘れられない光景があります。僕がソウルに駐在していた二〇〇二年のことです。この年、ソウル近郊で米軍の装甲車に二人の女子中学生が轢き殺される事件がありました。でも当該の米兵は軍事法廷で無罪評決が出されて帰国してしまった。これに韓国民の怒りが爆発し、大規模な反米集会が各地で波状的に開かれました。

あれはたしか二〇〇二年の一二月一四日ですが、この日も韓国では全土で集会が開かれ、ソウル市庁前の広場を埋め尽くした数万の人波に僕は息を呑みました。ろうそくを手にした群衆が広場に押し寄せ、集まって、米韓地位協定の改定などを口々に訴えていた。しかも当時はちょうど大統領選の最終盤戦でもありましたから、人権派弁護士の盧武鉉が勝利をつかむ原動力のひとつにもなりました。

一方で北朝鮮と対峙する韓国にとって、米国との関係はまさに安全保障上の要と位置づけられてきました。だから反米と親米のはざまで人びとの心は揺れ、政治も社会もそれによって大きく動かされてきた。いずれも他人事で済まされることではない。また、米国や日本が側面から支えた軍事独裁と対峙する長い民主化運動の末に自力で民主化を勝ち取り、そうした運動を闘ってきた自負を抱く層が現在の政権を担っている。

その韓国の政権や社会にももちろん問題はたくさんあるし、韓国の言い分が一方的に正しいなどとは思わないけれど、戦後の日本が米国から投げ与えられた民主主義を謳歌し、基地も分断もまるで不可視のようなものとして周縁部に、本土から見れば周縁部である沖縄や朝鮮半島に押しつけ、無知と無関心を装うことが通用するような構造を作りあげてきた。

それでもかつての保守政治家や知識人、メディア人もかろうじてそのことへの自覚は共有していました。少なくとも気づいてはいたわけです。大戦末期に本土の捨て石とされて凄惨な地上戦の舞台となった沖縄が、戦後も米軍統治下に置かれた末に過重な基地負担を押しつけられたことを。かつて統治して塗炭の苦しみを与えた朝鮮半島が分断され、いまなお統一が果たされないまま煩悶していることを。

だからこそ戦後の自民党政権、あるいは多くの与野党の政治家は、かろうじて沖縄に最低限の礼節を尽くし、それに決して納得したわけではないにせよ、何とか堪えてきたのが沖縄の戦後だった。翁長雄志はそれを熟知した政治家だった。朝鮮半島に関しても同様です。

しかし、その最低限の礼節すらすっかり絶えてしまったのが、この一〇年、二〇年ぐらいの日本の政治状況であるわけです。朝鮮半島に悪罵を投げつけるばかりか、沖縄にまで愚劣な偏見を向ける連中が大手を振り、その熱心な支持を受けた為政者が戦後最長とされる政権を担ってきた。メディアもそれに加担し、煽り、ついには「ニュース女子」のような典型的なヘイト番組、まるで無知と偏見と愚劣をこねあげた塊のごとき番組を地上波のテレビ放送で拡散し、まったくたちの悪いエンターテインメントとして消費するような連中までが現れるに至った。

物事の重層性と関係性が消えた

青木　だから、繰り返しますが僕は無知や無関心で当事者性を失ったというより、無知や無関心で済ませられるような構造がつくられ、その行き着く果てとして現在の無惨な政治とメディア状況があるのではないかと思っています。

逆に当事者性をあえて自覚させようとする動きでいえば、沖縄の米軍基地問題をめぐって少し前、本土への基地引き取り論が一部で注目を集めましたね。これに対する相当に強い反発もあったようですが。

安田　僕も基地引き取り運動への賛意を示したら少なくない反発がありました。

青木　そうらしいですね。戦後日本を規定してきた日米安保体制に批判的な人びとから見れば、米軍基地の本土引き取り論はそれを容認して固定化するものだととらえられる。僕も一度、ラジオ番組に哲学者の高橋哲哉さんをゲストに招いて基地引き取り論について話を聞いたら、ネット上を含めてかなり批判の声が寄せられました。

ただ、いずれにしても「当事者が声をあげるべきだ」などと呑気なことを言っている場合ではないということです。僕たちがまさに当事者なのであって、基地引き取り論にしても、自らの当事者性に真摯に想いを馳せ、仮に日米安保体制を維持しつつ沖縄の基地負担を軽減したいと本気で考えるなら、ある意味でそれは必然的帰結と言えなくもない。

「それは歴史じゃない、やめましょう」

安田　迂回した話になるかもしれませんが、僕はある取材で千葉県の館山市に行ってきたんですね。「海と花のまち」みたいなキャッチフレーズが似合う牧歌的な土地柄なんだけど、かつては「金権千葉」に組み込まれた保守的な地域でもあるわけです。

そこで歴史研究をしている人に会いました。館山は、歴史研究が盛んな町でもあるんですよ。軍都として栄えた歴史があり、戦前には海軍航空隊の基地がありました。

戦後は一時期、米軍に接収され、いまは海上自衛隊の館山航空基地になっている。館山には歴史研究をやっている人が大勢いるんです。そうした人びとの間で必ず議論になるのが歴史をめぐる加害と被害の経験についてなんです。

館山航空隊にはパイロット養成の教育隊もありましたが、同隊出身の若い命がたくさん失われている。

地元のある歴史研究家が「じつは」と教えてくれたことは、館山航空隊で訓練した人間が開戦時に真珠湾にも飛んでいるということです。

それからもう一つは、やはり館山で訓練を受けたパイロットが、中国の重慶に行っているんです。重慶というのは日本軍が空爆した都市です。要するに日本軍は無差別爆撃によって無抵抗の中国人市民を殺戮（さつりく）した。重慶爆撃については、いまも賠償請求の裁判が行われているんだけれど、館山という土地はこれに深い関わりを持っているんですね。つまり館山航空隊は加害者の歴史をも背負っていることになるのです。

しかし、その歴史を研究すると、途端に人が引いていくんですって。

「それは館山の歴史じゃないでしょう。やめましょう」

みたいな話になってしまう。被害者の歴史を研究して、語り継いでいくと多くの人が集まって耳を傾ける。また、古代史だと現代政治が入り込みようがないから、みんなで熱心に郷土のルーツを研究する。

しかし、重慶爆撃とか真珠湾の攻撃の拠点の一つであった、あるいは送り込んだ起点となった場所であったという歴史を明らかにすると、途端に郷土史を志す人が離れていくという現実があって、やはりそうなんだな、と思ったことでした。

被害者としての歴史を語る分には何も問題ないが、加害の歴史に向き合うというのはしんどいと思う人が少なくないですよね。これはかつて軍都と呼ばれたどこの地域でも同じだと思います。

「土人」発言の深層

青木　自らの加害性を自覚するのはたしかにしんどい作業です。歴史を真摯に振り返り、その歴史を自身の身に引きつけて考えなければいけないわけですから。

安田　そう、その歴史を身に引きつけない作法を、メディアが増幅してしまっている感もあります。

二〇一六年、沖縄県・高江の米軍ヘリパッド建設現場で「土人発言」がありました。大阪府警から派遣されていた機動隊員が、抗議運動をする市民に向かって「この支那人が」「この土人が」と発言して問題になった。あれは罵倒を投げつけた相手が芥川賞作家の目取真俊さんだったわけですが、あの事件があった翌日、僕はたまたま別件で沖縄にいたんですよ。高江じゃなくて那覇にいたんだけれど、それを知ったAbema TVのスタッフが、現地からレポートしてくれと言ってきた。

僕は高江に行く時間もなかったから断ったんだけど、コメントでいいから何かくれと言う。しかも、スマホを使って、自分で放映しろと言うわけです。

僕はそういうことはできないのでやり方を教えてもらって、結局、夜にホテルの部屋に帰ってスマホを通して出演しました。僕はそのとき高江に行ってなかったし、新聞報道以外のことは知らなかったんだけれども、「土人」発言についてどう思うかをその場で喋ったんです。

それまで高江には何度も足を運んでいます。高江がどういう場所であるかを簡単に説明した後で、これは明確に差別であると言いました。

機動隊員がどんな意図をもって言おうが、どんな思いを抱えていようが、これは差別以外の何物でもないことを前提としなければならない、と訴えました。そのうえで、高江がどんな歴史を背負ってきたのかについて話しました。

高江を含む北部訓練場って、いまもそうだけど、米軍の「ジャングル戦闘訓練センター」が正式名称ですよね。ベトナム戦争当時は、ゲリラ戦を想定した訓練が行われていました。

当時は、高江の集落のなかにベトナムの田舎を模した家を何軒も建てて、地元の人がベトナム人役として雇用されたわけです。つまり役者として、ベトナム人のゲリラ役を演じさせられた。その人たちは撃たれるわけじゃないけれど、そういうかたちでベトナムの村を再現して、米兵たちは訓練をした。

そのとき、ベトナム人役の地元の人は、「土人」扱いされるんです。「土人」って、スラングで「ＧＯＯＫ」と言うんですが、まさにその名称で呼ばれる。そういった歴史を抱えた高江という場所で「土人」と言ったことが、まず問題とされなければならない。

「どっちもどっち」に誘導する

安田　それから「土人」という呼称で、沖縄の歴史との関連で気づかされるのは、一九〇三年、大阪万博で起こった人類館事件です。沖縄県民がいわば「土人」として、見世物小屋に展示された。当時の大阪万博、正式には内国勧業博覧会というんだけど、その博覧会に設けられた人類館なるパビリオンの設立趣旨書みたいなのが大阪府立中之島図書館に残っています。僕はそれを調べに行ったことがあるんです。

その設立趣旨のなかには「北海道アイヌ五名、台湾生蕃（せいばん）四名、琉球二名、朝鮮二名、支那三名、印度三名、瓜哇（ジャワ）一名、バルガリー一名、都合二十一名の男女が各其国の住所に摸したる一定の区画内に団欒しつゝ日常の起居動作を見するにあり」とあって、「通券は普通十銭、特等三十銭にして特等には土人等の写真及び別席にて薄茶を呈すとの事」と、明確に「土人」と表記されている。当時の「土人」という意味合いがいまとどう違うのか、僕も正確には理解していない部分もありますが、少なくとも「土人」という呼称を用いて見世物小屋の説明書きがなされている。

沖縄の人びとは抗議したわけです。「土人」扱いとは何事だ、と。

背景を言うと複雑なんだけれども、当時抗議したのは沖縄のエリートが中心であって、その論調には、他国の人間などと一緒にするなというロジックがあったから、それはそれで後に問題になるんですけども、いずれにせよ「土人」という呼称を用いて人類館がつくられた。そうした歴史があって、しかも「土人」という言葉そのものが沖縄にとってきわめてセンシティブな意味を持つようなことが繰り返されたわけですから、これは明確に差別だし、問答無用ですという話をしたんです。

問題はそのあとなんです。生放送で、僕が説明し終わると、司会者が「安田さん、本当にそうかな」と疑問をぶつけてきた。そして、こう続けました。

「安田さん、沖縄が差別されていると言いますが、みんな沖縄が好きじゃないですか。みんな沖縄料理が好きだし、沖縄の音楽をみんな好んでいるし、LCC（格安航空会社）もたくさんできて沖縄のビーチに遊びに行く人も多い。本土の人は別に沖縄を差別してませんよ」と。まあ、そんな内容の反論です。

予想外の話に対して、当初は「え？」としか言葉が出てこなかった。それで何とか、「沖縄が好きであることと、沖縄の差別や沖縄の被害を考えることって、同じ文脈ではないですよね」という話をしたんですが。

「みんな沖縄のことを好きなんだから、差別じゃないんだ」と言った司会の彼は、若い機動隊員の暴走という文脈に落とし込みたかったわけです。

そして、「どっちもどっち」だと言いたかったのでしょう。荒々しい言葉と行動で迫ってくる反対派、それに対していきり立つ機動隊、それがぶつかった末に生じた突発的な事態だ、というとらえ方なんですね。あくまでも偶発的に起きた事件だというふうに認識しているし、そのように伝えようとしているわけです。

中立の傍観者を決め込むメディア的感性

安田　そこには歴史という観点や、沖縄と「本土」という関係性への視点がまったくない。だから「それは違う」と、多少言い合いになったんですが、ところが生放送だったので急に「じゃあこれで終わりにします」と一方的に幕切れにされてしまったので、僕も言いたいことが言えなかった。

僕は、いまでも番組の論旨はおかしいと思っています。他の出演者たちを説得できなかった僕の言葉の不十分さもあったにせよ、「どっちもどっち」的な理解に落とし込みたいメディア的感性が、沖縄の風景を見えにくくさせているのではないかという感触を改めて抱きました。また、そうしたありように対して、きちんと言及していくことの難しさについても考えたわけです。

メディア的感性と現実との乖離（かいり）というのは、当然のことながら沖縄に限定されることではありません。これもテレビでの話ですが、ＴＢＳ「ｎｅｗｓ23」で、一回こういうことがありました。

杉田水脈が『新潮45』で「ＬＧＢＴは生産性がない」と書いた直後のことです。ＬＧＢＴの当事者たちが高円寺の駅前で抗議活動を行ったんですね。杉田水脈の発言はおかしい、許せないと。それに対して「ｎｅｗｓ23」はスタッフを出して高円寺駅前の抗議行動の映像を撮ってニュースで流した。番組ではこれを「社会の分断」だと表現した。ＬＧＢＴ当事者の抗議から「分断」を見たというのです。もちろん杉田を批判する論調ではあったけれど。

社会が勝手に分断したんじゃなくて、分断を強いるのはいつも力がある人間や発言の回路を持った人間であるし、もっと言えば国家権力が分断を仕掛けてくるわけです。マイノリティの側は、この場合のＬＧＢＴの人たちは、社会を分断したくて声を上げているわけじゃなくて、自分たちが、排除の対象に分断されたから怒っている。

それを「社会は分断している」と、上から見て真っ二つに割れちゃいましたみたいな言い方をするのは、まったくおかしい。権力を批判する文脈であったとしても、その物言いは間違っている。話し合いは大事なことであるけれども、上から眺めるような物言いをすること自体が、まさに分断を仕掛ける側に引用、援用されるんじゃないかという気がしたんですよね。

沖縄と本土の不平等で非対称な関係についても、「どっちもどっち。まずは話し合わないと」みたいなまとめかたをするメディア関係者の態度がある。しかし現実には十分話し合ってきたし、十分声を上げてきたし、それなのに当事者の声を汲み取らなかったのは常に発言の回路を持つ、力のある側じゃないかと僕は思っています。それを分断という便利な言葉で、社会をわかったような物言いをする人たちに、僕は違和感しかありません。いや、明確に不信感を持っています。

沖縄の中でも特殊な植民地的現実

青木　安田さんのお話に出た高江について、僕からも少し補足させてください。ヘリパッド建設反対の住民運動が続く高江には僕も何度か取材で訪ね、地元の人びとにもじっくり話を聞きましたが、在日米軍基地が集中する沖縄でも高江は際立って特異な場所ですね。ある意味では米軍による植民地的な現実が剝き出しになっている。

ほかの米軍基地は、嘉手納も普天間もシュワブも、韓国の米軍基地だってそうですが、基本的には周囲が高い壁や鉄条網で囲われていて、その内側が不可侵の場所として治外法権化されている。しかし、高江の風景は違います。沖縄県北部の国頭村から東村に広がる北部訓練場――正式名称は安田さんがおっしゃるようにジャングル戦闘訓練センターですが、あそこは沖縄にある米軍基地でも最大の面積を有し、要するに広大な山原の森全体が米軍の訓練場として占有されてきたわけです。そのなかにかろうじて住民らが使える道路が通っていて、周囲に広がる森のなかには住民らも基本的に足を踏み入れることが許されない。東村の高江地区はそういう特異な基地に隣接している。

しかもジャングル戦闘などを想定した訓練が日常的に行われてきましたから、住民たちが受けてきた被害や恐怖はまた位相が違うんですね。昼夜にわたって猛烈な騒音被害に悩まされ、沖縄防衛局などによる調査でも二〇一二年のオスプレイ配備後は昼に数千回、夜間でも数百回の騒音被害が発生していると報告されています。

また、米軍は地元の人びとや民家も訓練の道具に使ってきた。かつて地元住民をベトナム人にみたてた訓練まで行われたのは安田さんの指摘どおりだし、米軍ヘリが爆音を立てて上空を通過する際、機上の米兵が民家に銃口を向けてくることもあったらしい。もちろん発砲はしないにせよ、ジャングルの中に現れた建物にゲリラがいるようなケースを想定しているんじゃないかというんです。訓練場のなかを貫く道路で迷彩服姿の米兵と出くわすことも珍しくなかったという。

そんな北部訓練場が一部返還されるのに伴い、高江地区の直近にオスプレイが離発着するヘリパッドがいくつも新設されることに住民たちは憤り、懸命な反対運動を続けている。全国的には辺野古ほど注目されていませんが、本来はメディアなどの関心がもっと寄せられるべきです。

僕が訪ねた際も、ヘリパッド建設予定地近くの道路で住民らが建設阻止のための座り込みをしていました。といっても、道路の周囲に広がる森は米軍基地になってしまっていますから、道路と森のわずかな隙間のような場所にテントを張って座り込んでいた。そのテントや椅子類を米軍はたびたび撤去してしまうものだから、住民らは沖縄防衛局に抗議しているんですね。「米軍にテントなどを持ち去られた」「そんな権限が米軍にあるのか」と。

「愛国者」はアメリカの味方

青木 ところが防衛局側は、道路と森のわずかな隙間まで米軍への提供区域だと言い出し、住民の訴えを米軍に届けようともしない。

必死で被害を訴える自国民を抑え込むために米軍の権益を拡大解釈し、基地面積をわざわざ広げてやるなんて、いったいどこの政府かという話でしょう。そればかりか政府は、座り込みをつづける住民が「通行妨害」をしていると主張して民事訴訟まで起こしています。国が個人を相手に民事で訴えるのはきわめて異例ですが、どう考えてもこれは反対運動への恫喝であり、圧倒的な力で住民を抑え込むスラップ訴訟そのものです。

そうした高江という場所で、住民運動を支援する目取真さんに向けて日本の警察官が「土人」という論外の差別言辞を浴びせかけた。これを看過したり、「どっちもどっち」論に落とし込んでしまう人びとには、あえて「愛国者」ぶって挑発的な問いをぶつけたくなります。いったいあなたはどちらの国の方なのですか、と。

それはともかく、国家権力と住民運動という圧倒的に非対称な問題にまで「どっちもどっち」論を持ち出すのは思考の退廃です。とはいえ、あらゆる問題を「どっちもどっち」論に落とし込んだり、「分断」を嘆いてみせたほうが楽でしょうからね。一見したところ冷静で客観的な態度に見えるし、物事を俯瞰した賢しげな風も装える。そんな学者やメディア人、ほかに幾人も思い浮かびます。

もう一点、さきほど安田さんは重慶爆撃に向かった館山基地について話されたけれど、ベトナム戦争の際に米軍の軍事拠点となった沖縄はベトナムの人びとから「悪魔の島」と呼ばれたとされていますね。そして沖縄の米軍基地は以後も湾岸戦争やアフガン、イラク侵攻戦の出撃拠点になってきました。米軍にとっては世界的な軍事展開に欠かせない極東の要石であるうえ、ジャングル戦闘のための広大な訓練場などまで置かれているのは世界中で沖縄だけです。しかも日本政府は地元沖縄の反発や異論をいっさい無視し、巨費を投じて米海兵隊用に新たな基地までつくろうとしている。こんな国は世界を見回しても日本だけですよ。考えてみれば異様きわまりない話ですが、沖縄だからこそこんな振る舞いが容認されてきたといえます。

安田　米軍にとって沖縄は、他国と比べて、たぶん相当に居心地がいいんだと思います。他国でも、米軍による犯罪や事件は起きている。でもそのとき、他国には日米地位協定のような米軍に圧倒的に優位な取り決めはないし、社会の反応はものすごく厳しいわけです。

ところが沖縄だと、米兵が交通事故を起こそうが、軍属が女性を殺してしまおうが、ヘリコプターが墜落しようが、しばらくたてば街中を短パン穿いて自由にジョギングすることができるようになる。沖縄では、米軍が住民に襲われた事案などほとんどないでしょう。米兵の犯罪が起こると、欧州の人から、「これはヨーロッパだったら大変なことになりますよ」という話を聞く。イタリアやスペインにも米軍基地はあるんだけれど、何かトラブルがあると、石を投げられたりする。住民が激しい反発を行動で示す。

沖縄は反米の町だとか反米に凝り固まっているとか言われるけれど、たしかに反米軍の運動はあるにせよ、米軍関係者が基地の外でもあれほど自由に出歩いて遊べる国って、なかなかない。だから米軍にとって沖縄は、赴任地として人気があるというんですね。

無責任とメンツによるその場しのぎ

青木　先日、東京新聞で長く防衛問題を取材してきた半田滋さんと対談する機会があって、いろいろと興味深い話を聞かせてもらいました（この対談も前掲『時代の異端者たち』所収）。僕は防衛問題にあまりくわしくないのですが、半田さんによると、海兵隊の基地である普天間飛行場なんてさっさと返還させて、空軍の嘉手納基地と統合するのが一番合理的だというんですね。嘉手納は米軍にとって東アジア最大級の空軍基地で、三五〇〇メートル以上の滑走路を二本も擁している。

ところが、海軍から分派した海兵隊と空軍はマインドがまったく違うものだから、空軍が日本の外務省とタッグを組んで統合案を潰してしまったというんです。一方の海兵隊も空軍に頭を下げるなんてごめんだから、自前の基地である普天間飛行場は手放したくない。ただ、その代わりに日本政府が新たな基地をつくってくれるというなら願ってもない話。辺野古の新基地建設はそういうことにすぎないんじゃないかと半田さんは言うんです。

安田　米軍の居心地のよさを追求して基地がつくられているという倒錯ですね。

青木 ええ。そうして日本政府は辺野古の海への土砂投入を強行しています。でも、果たして辺野古の新基地など本当に作れるのか。安田さんもよくご存知のとおり、日本政府の見積もりでも完成は二〇三〇年以降にずれ込み、総工費はすでに当初計画の三倍近い約一兆円に膨れあがっている。これが沖縄県の試算では、じつに二兆五〇〇〇億円に達するのではないかとみられています。

実際、埋め立て予定地の海底には広範囲な軟弱地盤の存在も明らかになっていますから、おそらく沖縄県の試算のほうが現実に近いでしょう。いや、沖縄県の試算だって甘いぐらいかもしれない。マヨネーズ状と評される軟弱地盤は最深九〇メートルにも及ぶことが判明していて、過去にそんな埋め立て工事をした経験もなく、機材すらない。そして何よりも沖縄の民意は圧倒的反対なわけですから、こんな基地は完成しない、できないだろうと断言してもいいのではないかと僕は思っています。

つまり、完成の目算などないまま強引に埋め立て工事だけを続けているのが現状に近い。そこから透けて見えるのは米国の顔色をひたすらうかがい、とりあえず現在をやりすごせばいいという政権と官僚の刹那的な無責任体質と、一度決めたことは後戻りできないという政治のメンツと官僚的硬直性。負けがわかっていて無茶な戦争に突き進み、負けが確定した後もずるずるとやめられず甚大な被害を出した先の大戦とも相似形です。歴史に学ぶ姿勢が根本から欠如した無謀な政治が、口先では勇ましいことを吠えながら真のリアリズムも喪失させて破滅へと突き進む構図です。

僕は韓国に長く暮らしたので、ついつい沖縄と朝鮮半島を対照しながら物事を考えてしまうんだけど、歴史に真摯な思考を馳せる態度を失い、リアリズムまで欠落させているという意味では、日本政府の姿勢は沖縄に対する際とよく似ています。

これを幸いというべきか、先の大統領選で敗北したトランプ政権は退場しましたが、いずれにせよ米中が覇を競う時代は今後しばらく続くでしょう。もちろん軍事的にも肥大化する中国は大きな懸念材料ですが、地政学的にも経済的にも密接に結びついた中国といったいどう向き合うか、日本にとって本当に悩ましい問題です。あるいは北朝鮮とどう対峙するかを考えたって、東アジアで数少ない民主主義国家である韓国との関係改善や連携は必須不可欠です。なのにいまだ歴史認識問題をめぐって角を突き合わせ、さらにそれを悪化させるような振る舞いばかりを繰り返している。つくづく愚かというしかありません。日韓国交正常化当時の保守政治にかろうじてあったリアリズムさえ失われている。

一九六五年の日韓国交正常化をどう考えるべきかについては第一章でも簡単に触れまし

た。たしかに一九六五年の正常化交渉では日本が韓国に無償三億ドル、有償二億ドルの「経済支援」を行うかわりに互いの請求権問題は「完全かつ最終的に解決された」とうたっています。ですから、当時は問題として顕在化していなかった元慰安婦問題などはともかく、元徴用工への賠償を日本企業に命じた韓国司法の判断は納得しがたいと日本側が主張するのは一理あるのかもしれない。

ただ、繰り返しになりますが、一九六五年の国交正常化は韓国の軍事独裁政権と日本の保守政権による政治的妥協の産物でした。日本の保守政界は韓国の軍事独裁と密接に結びつきながらそれを強固に支え、激しさを増す冷戦体制の下、日米韓の結束の必要に迫られた米国に促されて日韓が国交正常化を成し遂げた。もちろん、日本の資金をもとに韓国の軍事独裁政権は「漢江(ハンガン)の奇跡」と称される経済成長を実現し、日本もその成長を支えて貿易面などでも大いに潤いました。「反共」という大義名分に加え、そこを見ればかつての保守政治のリアリズムも間違いなく感じられる。

一方、そうした軍事独裁政権との政治的妥協だったため、韓国の民衆の意向などは完全に置き去りにされ、補償や権利などは完全に踏みつけにされました。

そんなものは韓国の都合じゃないかと言ったって、おおもとをたどれば戦前・戦中に日本が朝鮮半島を併合して統治して人びとに塗炭の苦しみを与えてしまったのがすべての問題の原点ですからね。

リアリティなき「反日」というレッテル

青木　そう考えれば、一九六五年の諸協定ですべて解決ずみだと言い放ってふんぞりかえり、「韓国は約束を守らずにゴールポストを動かす」とか「いつまで歴史を持ち出して文句を言うのか」などと言い立てるのは、不当であると同時に不道徳だと僕は思っています。

また、そんな理由で韓国といつまでもいがみあい、日韓が緊密に連携を取れないのは政治的リアリズムの喪失です。日韓の人口を合わせれば二億人近く、両国の経済規模を合わせれば相当な経済圏となって強力な交渉力も持つことになりますから、米国や中国と向き合う際はもちろん、北朝鮮を交渉の場に引きずり出すためにも連携したほうがいいに決まっている。そんなリアリズムすら最近はない。

一方で安田さんの話にあったように、歴史的な経緯にまで視野を伸ばすこともないまま「沖縄好きな人が多いから差別なんかしていない」とか「これほど韓国エンタメが流行ってるんだからみんな韓国が大好きなんだ」といった物言いも、いかにも物事を矮小化していて本質を見誤らせますよね。

もちろん沖縄を好きな人が多いとか、韓国文化を好きな人が多いというのは悪いことではないし、先ほど話したように、そこから新しい交流の回路が生まれてくることに僕は期待していますが、その前提として歴史的経緯への知識や人びとが現に置かれている状況への想像力を持たねばならない。でないと、おためごかしのきれいごとで現実から目を逸らし、差別などを黙認する風潮の背を押してしまうに等しい面がある。

安田　青木さんの言われる歴史的な差別構造がまったく解消せず、さらに歪（いびつ）に強化されているかに見えるいま、個別具体的な差別も新しいかたちで現れてきています。

五年ほど前の話になりますが、琉球新報の記者が東京支局勤務となって、都内の賃貸マンションを契約しようとしたら断られたんですよ。それは沖縄県民だからというよりも、家主から言われたのは「偏向新聞だから」「沖縄の新聞は反日だから」。たぶんその家主は沖縄の新聞なんか読んでないはずなんです。

つまり、ネットに出ている情報だけを拾ったんだと思います。

「反日」という物言いが僕はむかついて仕方がないんだけど、韓国にせよ、沖縄にせよ、必ず「反日」という言葉を用いることによって、ある種の色分けを考えている人びとがいるわけですよね。
ネットなんかの情報に左右されて、物事の判断基準の一つに「反日か親日か」みたいなことを持ち込む人が増えているのは非常に気になりますね。それこそ身勝手で一方的な分断です。

生活、生存を脅かされる「反日狩り」

青木　薄っぺらな理屈が堂々とまかり通ってしまうという意味では深刻な現象ですよね。その「反日」なるものの基準にしたって、時の政権にまつろわないとか、日本を悪く言う奴は許さんといった程度の理屈というか、理屈にもならない脊髄反射的な病的症状の一種ですからね。

被差別者が就職や結婚、あるいは住居を借りる際に不利益を受けるというのは古くからある許されざる差別の典型ですが、「反日」だからマンションを貸さないなどと言い出したら、僕や安田さんなんて住むところがなくなってしまう（笑）。

安田　いや、それは笑い事ではなく、きわめて現実的な危機としてこれから出てくるんじゃないかという気がするんですよ。

青木さんなんかとくにそうだけれど、ネットで貶められた青木像みたいなものが一人歩きした場合に、たとえば青木さんがマンションを借りようとしたときに、家主側はストレートに言わないまでもネチネチとそれを貸さない理由にしたり、あるいはその情報がどこかから家主に流されてきたりということがあり得る。

僕なんかも、ホテルを予約するときなどに、名前を確認される際に、相手がネトウヨだったら嫌だなとか、一瞬思いますもん。出張先で宿帳に安田浩一と書いて、そのホテルのフロントが熱狂的なネトウヨだったら恐ろしいなと思うことがあって、それはたいがい杞憂に終わることなんだろうけれど、あながち軽く考えることのできない事柄でもある。

僕は仕事上しかたないので名刺に自宅の住所を記載していますが、やはり直接家にまで来る奴がいますから。自宅の写真も何度かネットの掲示板にアップされています。青木さんは全国的に顔が知られているけれど、僕はネトウヨ限定で顔を知られているんですね。そうすると電車の中で馬鹿な顔して居眠りしてる写真を撮られてネット上にさらされたこともありました。「安田浩一、反日左翼が居眠りしてる」みたいなかたちで。

たいしたことではないとはいえ、そういうことって、やはりすごく気持ち悪いなと思うわけです。その程度で済んでいるとは言っても、やはりそこに「反日」かどうかという判断基準が働いていることが、すごく怖い。

僕の知り合いの在日コリアンの弁護士は、「昔は意識したことがなかったけれども」と前置きした上で、こう言うんです。いまたとえば病院にかかったときに、診察室の前で名前を呼ばれる。「キンさん」。彼は、その瞬間に周りをちょっと意識してしまうらしいんです。キンと呼ばれることに拒否反応を示す人がいるんじゃないか。ネトウヨがいるんじゃないか。「こいつ在日だ」という目で見る人がいるんじゃないか。常にそんなことを考えているというのです。

そして、多くの在日コリアンが同じように苦しんでいる。僕なんかとは比較にならないくらいの恐怖と感じている。実際、ある在日コリアンの女性は、ヘイトスピーチによる被害を訴えただけで連日、ネットで中傷されています。最近、勤務先に脅迫状まで送りつけられていました。しかも、家族にまで脅迫が及んでいます。絶対に許せません。

「社会分断論」のすぐ先にある危機

安田　あるいは、これは繰り返しになりますが、在特会元会長でレイシストの親玉でもある桜井誠が都知事選で一八万票を獲りましたよね。少なくないメディア関係者は笑い飛ばすわけです、しょせんは泡沫だと。

しかし泡沫といっても一八万票近くですから、それなりに大きい。これは前にもお話に出ましたが、有権者の数でいえば、東京都民の有権者の六〇人に一人が桜井に投票している。たいしたことないと言えばたいしたことない。でも僕がハッとしたのは、在日コリアンの友人から「六〇人に一人ってどのくらいの数だと思う？」と訊かれて、「山手線の一つの車両の座席が六〇なんだよ」と。立っている人がだれもいない状態でも、車両の座席が全部埋まっていれば、そのなかに、「在日は死ね、殺せ」と叫ぶ者にシンパシーを感じている人物が一人いるんだという確率。「これは恐怖だぜ」と言うんです。

そのとおりだなと思う。

「自分は在日と名札をつけて歩いているわけではないけれども、しかしそういう奴と同じ空間にいる。それをどんなところでも意識しなくちゃいけない世の中、時代は恐いよな」

と彼は話していて、僕はその言葉を痛切に受け止めました。

「反日」か否かというのは単に記号としてもてあそばれているかのように見えるかもしれないけれど、じつはまったく記号ではなくて、命の選別にもつながる恐怖を被害当事者に与え続けているんだという、いまの時代の現実を見すえる必要があると思います。

青木　たしかにおっしゃるとおりですね。僕などは根っから鈍感なせいか、ネットなどでいくら罵声を浴びせられてもさほど気にしないし、そもそも見ることもほとんどないんですが、いざとなれば口をつぐんで逃げ出してしまうことだってできる。

しかし、一貫して日本社会にくすぶる差別や偏見に直接さらされてきた人びとは別です。日々の生活のなかで常にその恐怖や圧迫と向き合わねばならず、口をつぐんで逃げ出してしまうことだってできない。

だからとくにメディアに関わる者たち——安田さんや僕もそうですが、取材者とか物書きとかジャーナリストなどと称される者たちは、沖縄はもちろん、在日コリアンの人びとに薄汚い罵声や憎悪を浴びせる連中を前に「どっちもどっち」論や「分断」論で傍観者を決め込んではならないんです。

それは決して被差別者やマイノリティの人びとのためだけではなく、最終的には僕らのためでもあります。まず、差別問題で僕らは明らかに当事者であるということ。そしてこの対談のなかで安田さんがニーメラーの警句を引いていましたが、マイノリティに対するそうした仕打ちを傍観し、徐々に燃え広がっていくことを許せば、いずれその腐った火の手が延焼して社会全体を蝕みかねないわけですから。

あとがき　矛盾から逃げてはいけない

安田浩一

取材でたまたま近くまで足を運んだので、思いついて列車を途中下車した。

ＪＲ伊東線来宮（きのみや）駅（静岡県熱海市）。乗降客も少ない小さな駅だ。六年前から無人駅になっている。

改札口へ出るには、ホーム中央の階段を降りなければならない。とんとんと軽く拍子をとるような足取りで駆け下りた。数えてみたら二四段だった。短い階段だ。下るにしても上るにしても、私にとっては何の労苦も必要としない。

だが――足の不自由な高齢者や車いすユーザーであればどうなのか。

私はホームに戻り、改札口に続く階段を凝視した。車いすに乗った自分を想像してみる。

途端に風景が変わった。ホームの中ほどでぽっかり口を開けた下り階段に、穴倉のような崖下の暗さを感じる。転落の恐怖で体が固まった。

この駅にエレベーターはない。無人駅だから当然、駅員の姿もない。身動きできないじゃないか。少しも進めない。どこにも行けない。立ち往生するしかない。

二四段。わずか二四段だ。それっぽっちの短い階段が移動の自由を奪う。

コラムニストの伊是名（いぜな）夏子さんが、この駅に旅行で向かおうとしたのは二〇二一年の春だった。伊是名さんは先天性骨形成不全症という、骨がもろくて折れやすい障がいを持つ電動車いすユーザーだ。

「来宮駅は階段しかないので案内はできない」

出発駅で、駅員からそう言われた。事実上の乗車拒否といってもよいだろう。

長い交渉の結果、最終的には来宮駅の一つ手前の熱海駅で駅員が四人待っていて、「今回は特別」として来宮駅の階段移動を手伝ってくれた。だが、公共交通機関が車いすユーザーを利用者として想定していないと感じた彼女は、この経緯を自らのブログに記した。

これが、ネット上で激しいバッシングを招くことになる。

「単なるクレーマー」「障がいを理由にしたわがまま」「駅員の負担を考えろ。感謝が足りない」「迷惑行為だ」。なかには「見かけたら車いすを落としてやる」と脅迫まがいの文言を書き込んだ者もいた。殺到する非難と中傷がプレッシャーとなり、伊是名さんは一時期、外出を控えるようになってしまった。

伊是名さんは自らの経験から、公共交通機関におけるバリアフリーのありかたを問うたにすぎない。だれにだって移動の自由はある。それを保障するのが公共交通機関の使命ではないのか。

そもそも権利主張は「わがまま」なのか。障がい者は列車を利用するたびに「感謝」しなければいけないのか。「駅員の労働荷重」を問題視するようなネットの書き込みも少なくなかったが、では、どれだけの人間が、これまで鉄道会社社員の労働問題に関心を払ってきたというのか。

伊是名さんの問題提起は、バリアフリーや公共性に関する部分は無視され、底意地悪く差別的な人々によって「伊是名問題」へとすり替えられた。一部メディアまで炎上騒ぎに便乗し、伊是名さんをゲストに招いたまではよかったが、「駅員を試す気だったのか」と、まるで問題提起した側の〝態度〟こそが問題とするような質問を投げつけた。

一六年四月に施行された「障害者差別解消法」は、障がい者を不当に差別することを禁止するとともに、障がい者が不便を感じないよう各方面に〝合理的配慮〟を求めている。だが、社会の一部は障がい者にむけて、社会への配慮を求めているのだ。文句を言うな、他人を巻き込むな、自分で解決しろ、みなに感謝しろ。

社会的に弱い立場にある人ほど、〝主張すること〟自体が嫌悪される。

青木理さんは、排他と不寛容こそ、いまの日本社会に漂う〝気配〟だと指摘した。

そうだ、その〝気配〟が嫌悪、憎悪となって、物言う人々に向けられる。

障がい者に関係したことに限らず、同じような場面を私はさまざまな取材の過程で目にしてきた。

たとえば技能実習生をはじめとする、生産現場で働く外国人労働者だ。安価な賃金に文句も言わず従順に働いている限りは、会社でも地域でも〝ゲスト〟程度の扱いを受けることはできる。地域の祭りで盆踊りの輪に迎えてくれるくらいの歓迎はされよう。しかしひとたび労働者として当たり前の待遇と権利を主張すると、たちまち「治安を乱した者」として白眼視されるのだ。

貧困に苦しむ人が「食べるものもない」と涙ながらに訴えれば世間も同情はするが、権利としての福祉を要求すれば、人びとは目を背ける。自民党のある国会議員は、私との対談で生活保護利用者を「恥という概念がない人びと」だと言い放った。そればかりか生活保護申請者がネックレスなどのアクセサリーを身につけていたとして「らしくない」と批判した。

そういえば主張しない女性を「わきまえている」と〝評価〟した元首相が話題となったことも記憶に新しい。政治家は、「らしく」てわかりやすい、型にはまった人間にしか興味がないのかもしれない。

朝鮮学校に押し掛けた差別者集団が、「日本に住まわしてやってる」と罵声を飛ばしたこともあった。「朝鮮人は道路の端のほうを歩いとけ」と叫んでいる者もいた。

彼らにとって外国籍市民は身を縮め、うつむきながら生きるべき存在だと思っているのだろう。

ちなみにこの差別者集団を率いていた桜井誠（現在は日本第一党なる政治団体の党首）が、二〇二〇年の東京都知事選で一八万票近くを獲得したことは本書でも触れた。公道で在日コリアンに向けて「日本から出てけ、死ね、殺せ」とわめいていたような人間であっても、そこまで支持が集まるのだ。

社会はそんな〝気配〟に満ちている。少数者が、権利を主張するたびにバッシングが起きる。排除と不寛容が発動される。

やりきれない。息苦しい。そして腹立たしい。腕をぶんぶん振り回しても、敵の急所にはかすりもしない。ときおり、そんな無力感に襲われることもある。

それでもまだ希望を捨てていないのは、これまで社会を変えてきたのが、不当な扱いを受けた人たちの切実な声であることを知っているからだ。

一九七〇年代後半、川崎市（神奈川県）では車いすの障がい者たちが、制止を振り切ってバスに乗り込んだ。「車いすの人だけでバスを利用することはできない」と乗車を拒否する運転士を無視し、障がい者たちは車内に籠城した。ほかの乗客たちは一斉にブーイングを飛ばした。「降りろ」「ルールを守れ」と大声で批判した。だが、これをきっかけに公共交通機関のありかたが問われるようになる。いま、車いす利用を拒むバス会社など、ほとんど見ることはできない。都市部のバスの多くはノンステップバスだ。

五〇年代の米国では、バスの座席は人種ごとに区分けされていた。前方が白人席、後方が黒人席である。白人席が満席のところへ、あらたに白人の客が乗り込んできた場合、黒人席に座っている黒人は、席を譲らねばならなかった。ある日、黒人席に座っていたアフリカ系女性は、運転士から白人に席を譲れと命令されるが、それを拒否した。疲れていたからだ。彼女——当時四二歳だったローザ・パークスはのちにこう語っている。

The only tired I was, was tired of giving in.（私の唯一の疲れは、屈服することに疲れてい

たことだった)。

ローザも白人の乗客から非難された。それでもバスを降りなかった。そして、条例違反で逮捕されたのである。

だが、この事件をきっかけに公民権運動が盛り上がり、少なくとも制度上、黒人差別は許されないものとなった。いまでも差別はあるにせよ、法や制度で差別することは禁止されている。

理不尽な差別を受け、中傷され、非難されてきた者たちが声を上げ、当事者でない者をも巻き込んで歴史が動いていく。私はその社会的な相互作用を信じている。

本書は暗澹たる日本の現状に触れたものだが、あえて補足したい。

私も青木さんも絶望しているわけではない。

「時代の深層をさらに重層的に解析し、多角的に浮かびあがらせる」ことが本書の目的であると、青木さんも「まえがき」で書いている。

私なりの表現を用いれば、それは「勝つため」でもある。いや、勝たなくてもいいか。せめて、相打ちくらいの勝負はできないかと、模索はしているのだ。

私と青木さんは取材者として歩んできた道のりも、追いかけてきたテーマも違うが、社会の排他と不寛容に対する危機感は共有している。

いや、青木さんはだれよりもこの〝気配〟に敏感だ。視界に映り込んだ事象を端緒にようやく腰を上げる私とは違い、豊富な人脈と経験から、世の中のわずかな変化をも確実にとらえ、警鐘を鳴らし続けてきた。エリート新聞記者としての経験を持ちながら、指に唾をつけて風向きを読み、明日の天気を言い当てるベテラン漁師のようなところがある。

そんな青木さんの鋭い分析から、私もこれまで多くを学ばせてもらってきた。今回も対談というかたちで、あらためて青木さんの深い洞察力に触れることができた。

対談は、菅義偉内閣の発足直後、日本学術会議の新会員任命拒否問題が明らかとなったときの危機感からはじまっている。以降、何度か対談を重ねて、話題は日韓関係、排外主義とヘイトスピーチ、沖縄の基地問題など多岐に及んだ。

コロナ禍ということもあり、これをまとめる作業がスムーズに進んだわけではなかった。しかも、ひと通りの作業を終えた後にも政治は動き、社会は回る。

たとえば私たちが疑念を抱えながら注視していた愛知県大村知事へのリコール運動は、その後、大掛かりな不正事件に発展し、運動事務局の幹部らが地方自治法違反で逮捕されるなど、世間に醜態をさらした。

運動をけん引してきた河村たかし名古屋市長と美容外科医の高須克弥氏は、不正を追及される過程で喧嘩別れした。河村市長は二一年四月の市長選挙でかろうじて再選を果たしたが、過去に例のないほど対立候補に迫られた。一方、高須氏は「私に全責任がある」としながらも、運動責任者としての非を詫びているわけではない。

あれほど熱心に運動を支援していた百田尚樹氏、デヴィ夫人らは、もはやリコール運動にいっさい言及することなく、何事もなかったかのような日常に戻っている。

大言壮語する者ほど逃げ足は速い。民間人を放り出したまま逃走したかつての関東軍そのものだ。自称・愛国者は口先だけでけっして自らの責任をとらない。

米国の大統領選では当初の予想を裏切り、バイデン氏が勝利を収めた。ここでもまた、トランプ氏を支持していた日本の〝愛国陣営〟は、世界に恥をさらすことになった。投票機が不正に操作されていた、中国の共産党が選挙に介入している、などといったヨタ話をまともに受けて、バイデン大統領が就任してもなお、陰謀論を振りまいていたのである。ジャーナリストが、評論家が、芸能人が、大真面目に陰謀論を語るさまは、滑稽どころか私は恐怖に近いものを感じた。底が抜けたような言論空間の劣化に、背筋が寒くなったのだ。

入管法（出入国管理法）の改正問題で国会が揺れるなか、名古屋出入国在留管理局の収容施設でスリランカ人女性が亡くなるという事件が起きた。病気で衰弱した女性に適切な治療を与えることなく、入管側が死に追いやったのだ。女性本人が外部の病院への入院や一時的に収容を解く仮放免を申請していたにもかかわらず、入管側は詐病を疑い、おざなりな治療で、要するに重病の人間を放置したのだ。

そこにもまた、愛国者の唱える美しき「ニッポン」の姿が浮かび上がる。在留資格の切れた外国人を犯罪者として扱い、人権も命も軽視する。難民認定率が一パーセントにも及ばない排他的な国家の姿である。

そんな社会に私たちは生きている。

だが、先に触れたように、それでも私たちはまだ生き続ける。あきらめない。社会の不当を訴え続ける。矛盾から逃げない。ジャーナリズムの世界で生きる私たちの義務だ。

負けたり、叩かれたり、落ち込んだりしながら、たぶんこれからも書き続けていくことになるだろう。私も、青木さんも。

本書の刊行にあたり、私と青木さん共通の友人でもある編集者、髙田功さんと向井徹さんのお力添えに心から感謝したい。髙田さんは今回の対談を企画して面倒な段取りを引き受けてくれ、向井さんからは多くの刺激的な意見をもらった。

また編集においては、講談社第一事業局企画部の皆さんが最後まで伴走してくれた。この場をお借りして厚くお礼申し上げたい。

二〇二一年五月二〇日

青木 理

ジャーナリスト、ノンフィクション作家。1966年、長野県生まれ。慶應義塾大学文学部卒業後の1990年、共同通信社入社。大阪社会部などを経て東京社会部記者。警視庁の警備・公安担当などを務める。その後、韓国・延世大学校の韓国語学堂に留学し、外信部へ。2002年から2006年までソウル特派員。2006年、共同通信社を退社し、フリーランスに。著書に『安倍三代』(朝日文庫)などがある。

安田浩一

ノンフィクションライター。1964年生まれ。静岡県出身。「週刊宝石」「サンデー毎日」記者を経て2001年よりフリーに。ヘイトスピーチの問題について警鐘を鳴らした『ネットと愛国』(講談社)で2012年、第34回講談社ノンフィクション賞を受賞。2015年、「ルポ　外国人『隷属』労働者」(「G2」vol.17)で第46回大宅壮一ノンフィクション賞雑誌部門受賞。著書に『「右翼」の戦後史』(講談社現代新書)などがある。

講談社+α新書 841-1 C

この国を覆う憎悪と嘲笑の濁流の正体

青木 理
安田浩一

2021年6月16日第1刷発行
2021年7月13日第2刷発行

発行者――鈴木章一
発行所――株式会社 講談社
東京都文京区音羽2-12-21 〒112-8001
電話 編集(03)5395-3522
販売(03)5395-4415
業務(03)5395-3615

写真――西﨑進也
デザイン――鈴木成一デザイン室
カバー印刷――共同印刷株式会社
印刷――株式会社新藤慶昌堂
製本――牧製本印刷株式会社

KODANSHA

定価はカバーに表示してあります。

落丁本・乱丁本は購入書店名を明記のうえ、小社業務あてにお送りください。

送料は小社負担にてお取り替えします。

なお、この本の内容についてのお問い合わせは第一事業局企画部「+α新書」あてにお願いいたします。

Printed in Japan
ISBN978-4-06-523567-6

講談社＋α新書

書名	著者	内容	価格	番号
サラリーマンは300万円で小さな会社を買いなさい 人生100年時代の個人M&A入門	三戸政和	脱サラ・定年で飲食業や起業に手を出すと地獄が待っている。個人M&Aで資本家になろう！	924円	789-1 C
サラリーマンは300万円で小さな会社を買いなさい 会計編	三戸政和	サラリーマンは会社を買って「奴隷」から「資本家」へ。決定版バイブル第2弾、「会計」編！	946円	789-2 C
名古屋円頓寺（えんどうじ）商店街の奇跡	山口あゆみ	「野良猫さえ歩いていない」シャッター通りに人波が押し寄せた！ 空き店舗再生の逆転劇！	880円	790-1 C
少子高齢化でも老後不安ゼロ シンガポールで見た日本の未来理想図	花輪陽子	日本を救う小国の知恵。1億総活躍社会、経済成長率3・5%、賢い国家戦略から学ぶこと	946円	791-1 C
マツダがBMWを超える日 クールジャパンからプレミアムジャパン・ブランド戦略へ	山崎明	日本企業は薄利多売の固定観念を捨てなさい。新プレミアム戦略で日本企業は必ず復活する！	968円	792-1 C
知っている人だけが勝つ 仮想通貨の新ルール	小島寛明＋ビジネスインサイダージャパン取材班	仮想通貨は日本経済復活の最後のチャンスだ。この大きな波に乗り遅れてはいけない	924円	793-1 C
夫婦という他人	下重暁子	67万部突破『家族という病』、27万部突破『極上の孤独』に続く、人の世の根源を問う問題作	858円	794-1 A
歩く速さなのに らくらく 健康効果は2倍！ スロージョギング運動	讃井里佳子	歩幅は小さく足踏みするテンポ。足の指の付け根で着地。科学的理論に基づいた運動法	968円	795-1 B
AIで私の仕事はなくなりますか？	田原総一朗	グーグル、東大、トヨタ……「極端な文系人間」の著者が、最先端のAI研究者を連続取材！	946円	796-1 C
本社は田舎に限る	吉田基晴	徳島県美波町に本社を移したITベンチャー企業社長。全国注目の新しい仕事と生活スタイル	946円	797-1 C
50歳を超えても脳が若返る生き方	加藤俊徳	寿命100年時代は50歳から全く別の人生を！ 今までダメだった人の脳は後半こそ最盛期に!!	968円	798-1 B

表示価格はすべて税込価格（税10%）です。価格は変更することがあります

講談社+α新書

内向型人間が無理せず幸せになる唯一の方法
スーザン・ケイン 古草秀子 訳
成功する人は外向型という常識を覆した全米ミリオンセラー。孤独を愛する人に女神は微笑む
990円 828-1 A

トヨタ チーフエンジニアの仕事
北川尚人
GAFAも手本にするトヨタの製品開発システム。その司令塔の仕事と資質を明らかにする
968円 829-1 C

ダークサイド投資術 元経済ヤクザが明かす「アフター・コロナ」を生き抜く黒いマネーの流儀
猫組長(菅原潮)
恐慌と戦争の暗黒時代にも揺るがない「王道の投資」を、元経済ヤクザが緊急指南!
968円 830-1 C

シリコンバレーの金儲け
海部美知
「ソフトウェアが世界を食べる」時代の金儲けの法則を、中心地のシリコンバレーから学ぶ
968円 831-1 C

認知症の人が「さっきも言ったでしょ」と言われて怒る理由 5000人を診てわかったほんとうの話
木之下徹
認知症一〇〇〇万人時代。「認知症=絶望」ではない。「よりよく」生きるための第一歩
968円 832-1 B

成功する人ほどよく寝ている 最強の睡眠に変える食習慣
前野博之
記憶力低下からうつやがんまで、睡眠負債のリスクを毎日の食事で改善する初のメソッド!
990円 833-1 B

健康本200冊を読み倒し、自身で人体実験してわかった **食事法の最適解**
国府田淳
これが結論! ビジネスでパフォーマンスを240%上げる食べ物・飲み物・その摂り方
990円 834-1 B

なぜネギ1本が1万円で売れるのか?
清水寅
ブランド創り、マーケティング、営業の肝、働き方、彼のネギにはビジネスのすべてがある!
968円 835-1 C

わが子に「なぜ海の水はしょっぱいの?」と聞かれたら? 尊敬される大人の教養100
「大人」とは何か?研究所 編
地獄に堕ちたら釈放まで何年かかる? 会議、接待、スピーチ、家庭をアゲる「へえ?」なネタ!
858円 837-1 C

なぜニセコだけが世界リゾートになったのか 「地方創生」「観光立国」の無残な結末
高橋克英
地価上昇率6年連続一位の秘密。新世界「ニセコ金融資本帝国」に苦境から脱するヒントがある。
990円 838-1 C

就活のワナ あなたの魅力が伝わらない理由
石渡嶺司
インターンシップ、オンライン面接、エントリーシート……。激変する就活を勝ち抜くヒント
1100円 839-1 C

表示価格はすべて税込価格(税10%)です。価格は変更することがあります

講談社+α新書

考える、書く、伝える　生きぬくための科学的思考法
仲野徹
名物教授がプレゼンや文章の指導を通じ伝授する、仕事や生活に使える一生モンの知的技術
990円 840-1 C

生贄探し　暴走する脳
中野信子
ヤマザキマリ
「世間の目」が恐ろしいのはなぜか。知っておきたい日本人の脳の特性と多様性のある生き方
968円 823-2 C

藤井聡太論　将棋の未来
谷川浩司
人間はどこまで強くなれるのか？　天才が将棋界を席巻する若き天才の秘密に迫る
990円 836-1 C

この国を覆う憎悪と嘲笑の濁流の正体
青木理
安田浩一
ネットに溢れる悪意に満ちたデマや誹謗中傷、その病理を論客二人が重層的に解き明かす！
990円 841-1 C

ほめて伸ばすコーチング
林壮一
楽しくなければスポーツじゃない！　子供の力がひとりでに伸びる「魔法のコーチング法」
946円 842-1 C

表示価格はすべて税込価格（税10％）です。価格は変更することがあります